Weg mit dem Fett!

Dierk Heimann
Prof. Dr. Jürgen Margraf
Prof. Dr. Volker Pudel

Weg mit dem Fett!

Der neue Weg, um satt abzunehmen

vgs

Die Informationen und Rezepte in diesem Buch sind von Autoren und Verlag nach bestem Wissen und Gewissen sorgfältig erwogen und geprüft, stellen aber keinen Ersatz für eine medizinische Betreuung jeglicher Art dar. Autoren und Verlag übernehmen keinerlei Haftung für etwaige Personen- oder Sachschäden, die sich aus Gebrauch oder Mißbrauch der in diesem Buch aufgeführten Anwendungsmöglichkeiten und Rezepte ergeben.

Hinweis: Die Ausführungen über den neuen Wirkstoff Orlistat gehen auf Informationen aus wissenschaftlichen Veröffentlichungen u.a. in The Lancet (Vol 352, 18.7.1998), aus den Forschungsergebnissen von Hoffmann-La Roche und aus persönlichen Interviews mit Ärzten, Entwicklern und Firmenvertretern zurück.

Die Deutsche Bibliothek - CIP-Einheitsaufnahme

Heimann, Dierk:
Weg mit dem Fett! : der neue Weg, um satt abzunehmen / Dierk Heimann ; Jürgen Margraf ; Volker Pudel. -
Köln : vgs, 1998
ISBN 3-8025-1373-8

Bildquellen: Fotos: Roche Adipositas Forschung; Grafiken: media atelier GmbH, Mainz
Umschlaggestaltung: CCG, Köln
Redaktion: Martina Weihe-Reckewitz
Lektorat: Marcus Reckewitz, Bonn
Produktion: Ilse Rader
Gesamtherstellung: CCG, Köln
Printed in Germany
ISBN 3-8025-1373-8

Besuchen Sie unsere Homepage im WWW:
http://www.vgs.de

Inhalt

Vorwort

„Oh nein", werden Sie jetzt vielleicht denken. „Schon wieder ein Buch mit jeder Menge Diäten und längst bekannten Tips, wie man die lästigen Pfunde los wird. Klappt doch eh nicht. Also, wozu das Ganze?"

Wenn Ihnen diese Gedanken wirklich gerade durch den Kopf gehen, dann müssen wir Sie enttäuschen - zum Glück. In diesem Buch werden Sie keine Anleitung zu „Diätwochen" vorfinden und auch keine Diätrezepte, die jede Mahlzeit so „schön übersichtlich" werden lassen und damit den Magen zum Knurren bringen. Nein - Schluß damit!

Es klingt zu schön, um wahr zu sein, aber es ist wirklich möglich: Sie können satt abnehmen. Wir, die drei Autoren, haben es selbst erfolgreich erprobt – ohne Medikamente, nur mit ein paar kleinen (aber entscheidenden) Veränderungen in unserem Alltag. Denn obwohl wir uns seit Jahren mit der richtigen Ernährung und dem „Dicksein" beschäftigen (vor allem am Schreibtisch), blieben auch wir von so manch überflüssigem Kilo nicht verschont. Ja, Sie haben richtig gelesen: Hier schreiben drei „Ex-Dickere", die sich sowohl theoretisch als auch ganz praktisch ihrer eigenen Pfunde angenommen und damit „abgenommen" haben! Und das Entscheidende: Gehungert hat dabei keiner von uns.

Werfen Sie also Ihre „Super-Blitz-Diäten" getrost in den Müll. Wenn überhaupt, dann erzielen Sie mit ihnen nur einen Erfolg „auf Zeit". Nach wenigen Wochen wiegen die meisten Menschen mehr als je zuvor. Das ist nun leider einmal so. Darüber hinaus ist eine zu schnelle Gewichtsabnahme ungesund.

Wenn Sie es leid sind, jeden Monat einige Gramm oder gar Kilos mehr auf Ihrer Waage erblicken zu müssen, und wenn Sie nicht mehr willens sind, in regelmäßigen Abständen die Konfektionsgröße der Kleidung nach oben zu korrigieren, dann sollten Sie dieses Buch aufmerksam lesen. Wir zeigen Ihnen, wie Sie satt und gesund abnehmen.

Wir garantieren Ihnen keine „zehn Kilo weniger in nur zehn Tagen", und wir versprechen Ihnen auch keine unrealistischen Erfolge. Wir wollen Ihnen also nicht „das Blaue vom Himmel" versprechen, sondern vielmehr wissenschaftlich geprüfte und abgesicherte Strategien vorstellen, die im Alltag umsetzbar sind. Auch Sie können abnehmen – auf Dauer und ohne zu hungern – das ist der entscheidende Unterschied zu den bisher bekannten Diäten.

Dierk Heimann
Jürgen Margraf
Volker Pudel

1. Dick sein – eigentlich „in"

Dieses Kapitel könnte man durchaus als eine Art „Ehrenrettung" für alle Dicken verstehen. Die Natur hat sich durchaus clevere Systeme und Regelkreisläufe einfallen lassen, die dafür sorgen, daß unser Organismus immer so viel Energie zur Verfügung gestellt bekommt, wie er braucht. Ist der Tisch einmal „zu reich" gedeckt, kein Problem: Die überschüssige Energie wird einfach gespeichert. Verschwendet wird nichts! Beim Tier ebensowenig wie beim Menschen – ein eisernes Prinzip der Natur. Nahezu jede Körperfunktion ist derart optimiert, daß Wissenschaftler das erfolgreiche Wirken von Enzymen, Hormonen und Stoffwechselkreisläufen nur staunend beobachten können: Kein Kraftwerk, kein Laborversuch hat so einen hohen Wirkungsgrad wie unser Organismus. Das ist eine Tatsache – und gleichzeitig auch das Problem.

Konzipiert für den Notstand

Versucht man zu beschreiben, auf welche Umweltbedingungen unser Körper ausgelegt ist, stößt man auf alltägliche Erfahrungen, die gleichwohl nicht selbstverständlich sind. Egal, ob große Hitze oder extreme Kälte, unser Körper kommt mit beidem klar. Wir können uns in trockener Luft ebenso wie im tropischen Regenwald aufhalten. Klingt selbstverständlich, für andere Lebewesen ist es das aber nicht! Sie sind bisweilen allein von einer Nahrungsquelle abhängig, können mit Temperatur- oder Feuchtigkeitsschwankungen nicht umgehen. Eines der bekanntesten Beispiele ist der große Pandabär, ein Spezialist, der als Nahrungsquelle auf den Bambus angewiesen ist, etwas anderes rührt er nicht an.

Da haben wir Menschen es doch deutlich besser. Der weltweite Speiseplan der Menschheit liest sich völlig uneinheitlich – dennoch überleben wir, der Eskimo ebenso wie der Nomade in der Wüste.

Doch bei aller Unterschiedlichkeit, die Menschen verbindet hinsichtlich ihrer Nahrung eine lebensnotwendige Gemeinsamkeit: Jedes Gramm Essen, jeder Bissen wird maximal genutzt. Wir sind nicht auf das märchenhafte Schlaraffenland oder gar „Tischlein deck dich" eingestellt. Unser „Lebensprogramm" ist auf den Notstand, den ständigen Nahrungsmangel ausgelegt – genau so, wie im Tierreich auch. Ein permanenter Nahrungsüberschuß kommt in der Natur praktisch nicht vor. Es gibt Phasen, in denen es an nichts mangelt, aber auch Tage, Wochen, Monate, die karg ausfallen oder gar im Winterschlaf überdauert werden müssen.

Auch wir Menschen kennen seit alters her solch wechselhafte Zeiten. Die biblischen „sieben fetten und sieben dürren Jahre" zum Beispiel, über die das 1. Buch Mose berichtet. Das Prinzip galt damals wie heute: Spare in der Zeit, dann hast du in der Not!

Dieses Prinzip ist aber keine Erfindung von uns Menschen, sondern ein Naturgesetz, so etwas wie die Garantie zum Überleben, auch wenn's mal hart kommt. Unsere Vorfahren mußten mit den Fettreserven, die sie sich nach dem kräftezehrenden Jagen und Erlegen eines Mammuts angefuttert hatten, häufig lange Zeit auskommen. Heute haben wir (im übertragenen Sinne) jeden Tag ein solches Mammut auf dem

Tisch. Jagen ist out, das „besorgt" der Supermarkt um die Ecke. Und selbst die paar Meter bis dorthin gehen wir nicht zu Fuß, sondern fahren bequem mit dem Auto vor.

Fassen wir also zusammen: Würde sich der Bär in Kanada nicht kugelrund in seine Höhle zum Winterschlaf zurückziehen, er hätte keine Chance, den Winter zu überstehen. Genauso wie Zugvögel ohne Fettpolster niemals dort ankämen, wo sie sich während der kalten Jahreszeit aufzuhalten pflegen. Die Liste ließe sich beliebig fortsetzen. Tiere wie Menschen brauchen also Fettpolster, um zu überleben.

Die ersten Stunden und Tage unseres Lebens verdanken wir dem Fett

Die meisten Säugetiere und Menschen würden schon die ersten Stunden und Tage ihres Lebens nicht überleben (vor allem in den kälteren Regionen), wenn sie keine Fettreserven hätten. So kommen viele Neugeborene von Säugetieren mit dem typischen „braunen Fett" zur Welt, das es bei den meisten Säugern nur in diesem ersten Lebensabschnitt gibt und das auch nur für wenige Tage bzw. Wochen aktiv bleibt, um dann zu verschwinden.

Es unterscheidet sich vom sogenannten „weißen Fett" dadurch, daß sich mehrere kleine Fetttröpfchen in jeder Zelle befinden und die Energie wesentlich schneller freigesetzt werden kann. Und genau das braucht der wenige Stunden oder Tage alte Organismus. Der Grund: Durch die im Verhältnis zu einem Erwachsenen viel größere Körperoberfläche geht mehr Wärme verloren. Alle Eltern wissen, daß sie ihr Baby vor dem Auskühlen schützen müssen. Wir können Neugeborene heute mit Wärmelampen und entsprechender Kleidung schützen. Unsere Vorfahren konnten nur in begrenztem Maße einen künstlichen Wärmeschutz herstellen. Säugetiere können es noch weniger. Und dennoch überlebt auch ihr Nachwuchs diese kritische Zeit. Der körpereigene Wärmeschutz wird durch das Einschmelzen der eisernen Fettreserven, die sich vor allem am Rücken, in den Achsel- und Leistenregionen befinden, erzielt. „Zitterfreie Thermogenese" nennen die Mediziner die natürliche Wärmeerzeugung des Körpers, ohne die unsere Muskeln durch Zittern Wärme erzeugen müßten.

„Dicke sind schön" – nur eine Frage der Zeit

Wenn Sie zu denjenigen gehören, deren Waage beim Betreten immer sogleich in den „roten Bereich" ausschlägt, dann rufen Sie sich eines in Erinnerung: Dicke Menschen sind schön! Oder etwa nicht? Wenn Sie diese Frage vehement verneinen, dann sind Sie - wie jeder und jede von uns – ein typisches Kind unserer Zeit. Doch die Ideale, die unser Schönheitsempfinden prägen, sind deutlichen Schwankungen unterworfen und schleichen sich langsam aber sicher, quasi durch die Hintertüre in unser Bewußtsein. Haben Sie nicht auch noch irgendwo im Kleiderschrank die berühmten „Hosen mit Schlag" hängen? Die waren doch mal richtig „in"! Und jetzt? Bestenfalls Ihre Kinder leihen sich diese Kleidungsstücke ab und an aus, weil sie inzwischen „Kult" sind. Und was für die Mode gilt, gilt auch für unser Körperempfinden. Vom Haarschnitt bis hin zur Farbe des Nagellacks: Der Schönheitsbegriff unterliegt einem beständigen Wandel und damit auch die Vorstellung vom Idealgewicht.

Denken wir nur einmal ein paar Jahrtausende zurück. Bei den Griechen entsprachen, ähnlich wie heute, durchtrainierte, schlanke Körper dem Schönheitsideal. Einige Jahrhunderte später aber war nur „in", wer durch deutlich sichtbare Körperfülle zweifelsfrei belegen konnte, daß er zu den Wohlhabenden zählte. Dünn zu sein war „out", weil so nur die Armen und Unterprivilegierten aussahen. Später dann im 17. Jahrhundert die „üppigen Bilder" von Künstlern wie Rubens, deren Modelle vor lauter Fülle kaum in den Rahmen passen wollten – doch genau das empfand man als schön.

Ein weiteres Beispiel: die Bräune. Wer früher „schön braun" war, zählte zur arbeitenden Bevölkerung, war Bauer oder Arbeiter. „Schön" war nur, wer blaß und damit „blaublütig" war. Die Venen zeichneten sich (ohne Bräune) durch die Haut ab, schimmerten blau hindurch. Eine solche „vornehme Blässe" mußte man sich schon leisten können.

Heute ist es genau andersherum. Braun zu sein ist chic, wer sonnengebräunt ist, „sieht gut aus". Auch hier Änderung der Ideale. Schönheit ist also wirklich nur eine Frage der Zeit.

In unserem Jahrhundert dann wieder ein Wandel hin zum „stählernen" Körper, der „hart wie Krupp-Stahl und zäh wie Leder" zu sein hatte. Und kaum war dem braunen Wahn ein Ende bereitet, schlug das Empfinden wieder um. Das Wirtschaftswunder nahte und mit ihm der „deutsche Bauch". Wieder wurde Gewicht gleichgesetzt mit Wohlstand. Und heute? Wir leben im „Post-Wohlstands-Zeitalter". Der Überfluß ist zur (lästigen) Gewohnheit geworden. Es ist einem sportlichen Erfolg gleichzusetzen, wenn man sich durch den Hindernislauf von Werbebotschaften, Fastfood und Pizza-Blitzen hindurchzukämpfen vermag, ohne allzu häufig ins Stolpern bzw. Essen zu geraten und damit den modernen Verführungen nachzugeben. Und dennoch sind diejenigen, die ab und zu „haltmachen" und zulangen, nicht etwa die „Loser" in diesem Spiel. Aus biologischer Sicht machen sie es eigentlich völlig richtig! Kein Gramm Nahrung wird verschwendet, wer vorbeigeht, ist selbst schuld – und bald vom Hungertod bedroht. Das ist zumindest die Antwort unserer eher archaischen Denkmuster auf die Bedingungen unserer heutigen Umwelt.

Dick sein – eine Frage der Gene

Und es kommt noch etwas Entscheidendes hinzu: Wahrscheinlich sind bei dicken Menschen diese uralten Überlebensstrategien einfach intensiver ausgeprägt als bei ihren „vom Hungertod bedrohten" schlanken Zeitgenossen, die ohne Supermärkte, McDonalds & Co. schon längst das Zeitliche gesegnet hätten. Übergewichtige greifen nicht nur gerne, häufig und ausgiebig beim Essen zu, sondern wählen unbewußt auch diejenigen Lebensmittel aus, die besonders fett- und damit kalorienreich sind. Bei einer Reihe von Untersuchungen eineiiger Zwillinge kam dies ans Tageslicht. Die Zwillinge wiesen auch dann das gleiche Eßverhalten auf, wenn sie unterschiedlich aufgewachsen waren, beide griffen gezielt zu den fettreichen „Kalorienbomben". Also sind auch unsere Gene dafür mitverantwortlich, daß wir dick werden, weil das über den größten Teil der Menschheitsgeschichte die einzig sinnvolle Strategie war, um zu überleben.

Doch es gibt auch das Gegenteil. Jeder kennt solche Menschen. Sie können essen soviel und sooft sie wollen und werden trotzdem nicht dick. Mit einem Lächeln auf den Lippen wird jeden Abend der Kühlschrank von Speiseeis und Knackwürsten befreit, und dennoch zeigt die Waage jeden Tag das gleiche Gewicht an. Der „schlechte Futter- oder Kostverwerter" muß hier als Erklärung herhalten. Manch anderer, der „gute Futterverwerter" eben, nimmt schon zu, wenn er im übertragenen Sinne nur an den Inhalt desselben Kühlschranks denkt.

Warum manche Menschen gertenschlank bleiben, weiß man nicht so genau. Zwar gibt es einige Theorien und Erklärungsansätze, welche davon aber tatsächlich zutreffen, muß noch zweifelsfrei geklärt werden. Aus wissenschaftlichem Interesse natürlich, aber auch, um neue Wege zu finden, leicht abnehmen zu können bzw. gar nicht erst zuzunehmen.

Fett – einer der besten Geschmacksträger

Wer das Problem des Übergewichts aber ausschließlich mit der genetischen Disposition erklären möchte, macht es sich zu einfach. Jeder kennt die alltäglichen kulinarischen Verführungen, die großen und die kleinen. Und diejenigen Lebensmittel, in denen sich Fett befindet, schmecken irgendwie besser: Mettwurst, Käse oder Sahne. Auch das morgendliche Marmeladenbrot mundet erst so recht, wenn sich etwas Butter unter dem Gelee befindet. Alles Einbildung? Leider nicht! Fett ist wirklich so etwas wie ein „natürlicher Geschmacksverstärker", indem es unter anderem die fettlöslichen Geschmacksstoffe aus der Nahrung bindet und sie damit geschmacklich intensiver macht. Wer Fett aus seinem Leben gänzlich verbannt, lebt einfach „fade" – daran ändern auch alle anders lautenden Aussagen nichts! Wir brauchen das Fett, mehr noch, es ist sogar lebensnotwendig.

Fett – ein lebensnotwendiger Vitaminlieferant

In den letzten Jahren ist die Bedeutung von Vitaminen und Spurenelementen zunehmend in unser Bewußtsein gerückt. Wurde uns früher in diversen Werbebotschaften nur das Vitamin C schmackhaft gemacht, muß sich der gesundheitsbewußte Zeitgenosse heute mit Biotin, Niacin, Pantothenat oder Molybdän herumschlagen. Wer soll sich da noch auskennen!

Und zu allem Übel spielt auch rund um die Vitamine wieder das Fett eine wichtige Rolle. Die vitaminreichste Mahlzeit taugt nichts, wenn nicht auch etwas Fett darin enthalten ist. Einige Vitamine (A, E, D und K) gelangen nämlich nur über die Aufnahme von Fett in unseren Organismus. Das „Merkwort", das angehende Mediziner während ihres Studiums zum Thema „fettlösliche Vitamine" pauken müssen, lautet dementsprechend EDeKA.

Aber hier gibt es eine wichtige Einschränkung: Als „Vitaminkatalysator" reichen schon wenige Gramm Fett aus, um den gesamten Tagesbedarf der entsprechenden Vitamine zu decken. Wer also ein ganzes Pfund Butter in sich hineinschaufelt, verbessert damit nicht seine Vitaminbilanz.

Fett – lebensnotwendig für unseren Körper

Die meisten Fette kann unser Organismus bei Bedarf selbst herstellen, wenn er sie für den Aufbau von Zellen oder zur Aufrechterhaltung von Körperfunktionen braucht. Aber es gibt Ausnahmen. Diese sogenannten „essentiellen Fettsäuren" werden jeden Tag benötigt, weil ohne sie auf Dauer nichts geht. Etwa zehn Gramm sollten sich davon tagtäglich auf unserem Speiseplan befinden. Die meisten dieser Fettsäuren stammen übrigens aus pflanzlichen Lebensmitteln – also zum Beispiel aus Ölen oder Margarine. Aber auch Fisch enthält solche wichtigen Fettsäuren.

Fett – einer der „leichtesten" Energiespeicher der Welt

Die Natur hat sich nicht umsonst für das Fett als Energiespeicher entschieden: ein natürlicher Stoff, der einerseits leicht, andererseits ein wahres Energiebündel ist. Darüber hinaus ist Fett ein hervorragender Wärmeisolator und läßt die inneren Organe reibungslos aneinander vorbeigleiten. Ein Multitalent eben!

In nur einem Gramm Fett sind neun Kalorien gespeichert. Eine Zahl, die zunächst nach wenig klingt. Führt man sich aber die Definition des Begriffs (auch, wenn es ein alter ist) Kalorie vor Augen, bekommt man Respekt vor jedem Gramm Fett.

Eine Kalorie wurde festgelegt als diejenige Wärmemenge, die notwendig ist, um unter Laborbedingungen ein Gramm Wasser um ein Grad zu erwärmen. Klingt immer noch nicht nach sehr viel. Macht man sich aber bewußt, daß unser Körper zu den „Energiesparwundern" dieser Erde zählt, sieht die Sache etwas anders aus. Zur Erläuterung: Mit nur 250 Kalorien könnten Sie mit dem Fahrrad fast zehn Kilometer weit fahren. Anders gesagt: Knapp 30 Gramm Fett reichen aus, um diese Strecke ohne Energienotstand zu überwinden. Wer also das morgendliche Käsebrot etwas großzügiger belegt und vielleicht noch ein Schokocroissant nascht, hat die Energie für die ersten zehn Kilometer des Tages schon getankt.

Fett ist (k)ein Stück Lebenskraft

Fett ist also eine Art Energiespeicher der Natur – in unserem Körper genauso wie in unserer Nahrung. Eiweiß und Kohlenhydrate speichern im Vergleich weniger als die Hälfte an chemischer Energie in sich.

Es liegt also auf der Hand: Wer viel Fett zu sich nimmt, schraubt dabei seine tagtägliche Kalorienmenge in die Höhe. Und die überschüssige Energie wird in unserem Körper zu dem, was sie auch schon in unserem Hamburger war: zu Fett! Daran führt kein Weg vorbei. Zwar wird seit einigen Jahren versucht, das natürlich vorkommende Fett in Lebensmitteln durch künstlich erzeugte „Fettverwandte" zu ersetzen, die vom Körper nicht aufgenommen werden, bewährt aber hat sich diese Idee nach wie vor nicht so recht.

Fett – wir brauchen es jeden Tag

Diese Erkenntnis wird Sie vielleicht überraschen, aber es stimmt. Wer das Fett völlig von seinem Speiseplan streichen möchte, tut sich nichts Gutes. Im Gegenteil: Fett ist lebensnotwendig. Doch auf die richtige „Dosis" kommt es an. Es geht also darum, den Fettgehalt der Nahrung zu normalisieren, auf Werte zu bringen, die gesund sind, die für den richtigen Geschmack sorgen und gleichzeitig garantieren, daß die notwendigen fettlöslichen Vitamine in den Körper geschleust werden und daß diejenigen Fettsäuren zur Verfügung gestellt werden, die der Körper selbst nicht herstellen kann.

2. Dick sein – ja, aber...

Eigentlich hätten Sie nach dem ersten Kapitel und angesichts der dort angesprochenen Erkenntnis, daß die Vorstellung vom idealen Körpergewicht kulturellen Schwankungen unterliegt, dieses Buch schon wieder zur Seite und sich auf die faule Haut legen können. Aber eben nur eigentlich. Denn unglücklicherweise ist die Schönheit nicht das einzige Kriterium zur Beurteilung von Übergewicht. Warum Sie abnehmen möchten, ist letztlich allerdings egal: Sie tun sich in jedem Fall etwas Gutes!

„Ich will abnehmen!"
Wenn Sie diese Entscheidung schon getroffen haben, dann brauchen Sie dieses Kapitel nicht zu lesen, denn all das, was hier steht, betrifft Sie bald nicht mehr. Also, gleich weiter zu Kapitel 3.

„Ich weiß nicht so recht, soll ich wirklich anfangen? Ich hab doch schon alles versucht ..."
Wenn sie noch zweifeln und so etwas wie den „letzten Motivationsschub" brauchen, dann kann dieses Kapitel Ihnen vielleicht helfen, mit dem Abnehmen loszulegen. Stürzen Sie sich also mutig in die nächsten Seiten, und hören Sie erst dann auf zu lesen, wenn Sie überzeugt sind.

Das Fett – ein „Airbag" für schlechte Zeiten

Unser Organismus hat das System der Fettspeicherung nun einmal für den „Notfall" entwickelt, als eine Art „Airbag" für schlechte Zeiten. Der Körper ist nicht in der Lage zu unterscheiden, ob nun tatsächlich eine Notzeit droht und es damit notwendig wird, Fett einzulagern oder eben nicht. Genau das ist der Knackpunkt! Er hört mit dem Fettspeichern auch dann nicht auf, wenn eigentlich schon genug Fett vorhanden ist und sich damit Wochen, ja vielleicht sogar Monate mühelos überdauern ließen. Es gibt keinen „Wohlstandsschalter", der ab einer gewissen Körperfülle die zusätzliche Fetteinlagerung auf Null zurückfährt. Leider! Und wie so häufig bei Notfallmaßnahmen gilt auch hier: Was im Ernstfall (Hunger) das Überleben auf hervorragende Art und Weise sicherstellt, kann im Normalfall (Überfluß) zur Belastung, mehr noch, zur Bedrohung werden. Genauso wie ein Airbag, der ohne ersichtlichen Grund plötzlich aus dem Lenkrad schießt und nun seinerseits einen Unfall auslösen kann. Lebensrettende Fettreserven, die plötzlich das Leben selbst gefährden? Wie kann das sein?

Zuviel Fett – Lebensgefahr mit Zeitzünder

Ein deutliches Übergewicht gefährdet auf Dauer tatsächlich Ihr Leben. Wer jede Menge Kilos zuviel sein eigen nennt, dem drohen nicht nur Erkrankungen wie hoher Blutdruck, Herzinfarkt, Schlaganfall oder Gallensteine, sondern auch Stoffwechselprobleme wie beispielsweise die Zuckerkrankheit Diabetes (Typ 2). Nicht heute oder morgen, aber in einigen Jahren oder Jahrzehnten. Besonders kritisch wird es dann, wenn sich noch weitere Risikofaktoren zum Übergewicht hinzugesellen. Der vielzitierte Spruch „No risk, no life" stimmt (leider) nicht. Besser müßte es heißen: „More risks, shorter life."

„More risks, shorter life" – Mehr Risikofaktoren, weniger Lebenszeit

Herz-Kreislauferkrankungen (Herzinfarkt, Schlaganfall etc.) entstehen durch:

- Bluthochdruck
- Rauchen
- Diabetes mellitus (Zuckerkrankheit)
- hohe Cholesterinwerte (und andere Fettstoffwechselstörungen)
- Übergewicht
- Bewegungsmangel
- „vererbtes Risiko"

Keine Angst, wir spielen jetzt nicht Hausarzt, der selbst mindestens zehn Kilo zuviel wiegt, raucht, jede Menge Streß hat und sich mit Sport nur vor dem Fernseher beschäftigt, aber mit mahnenden Worten und kritischem Gesichtsausdruck seinen Patienten empfiehlt, weniger zu essen und auf Fleisch sowieso ganz zu verzichten. So werden wir Sie nämlich aller Wahrscheinlichkeit nach nicht überzeugen. Wie gesagt: Es geht um das „Fett als Zeitzünder". Und erfreulicherweise kann man Zeitzünder in der Regel entschärfen. Radikalkuren helfen da nicht weiter! Es sei denn, daß bereits ernste Gesundheitsrisiken bestehen. Dann kann es durchaus angezeigt sein, das Übergewicht möglichst schnell zu reduzieren.

Lipase – ein biologischer Preßlufthammer

Fett, das wir mit der Nahrung aufnehmen, ist für den Körper erst verwertbar, wenn es in handliche und damit verdauliche Bruchstücke zerlegt wird. Und das passiert nicht etwa im Mund oder im Magen, sondern erst wesentlich später: im Dünndarm.

Fett ist nicht gleich Fett. Es besteht aus unterschiedlich großen „Ansammlungen" einzelner Fettsäuren. Die Aufgabe des Körpers ist immer die gleiche: Diese „Ansammlungen" aufzubrechen, um so an die begehrte Fettenergie zu gelangen. Fettsäuren kann man sich wie Perlenketten vorstellen. Sie sind unterschiedlich lang und können zu einem scheinbar undurchdringlichen Knäuel werden, das es zu entwirren gilt.

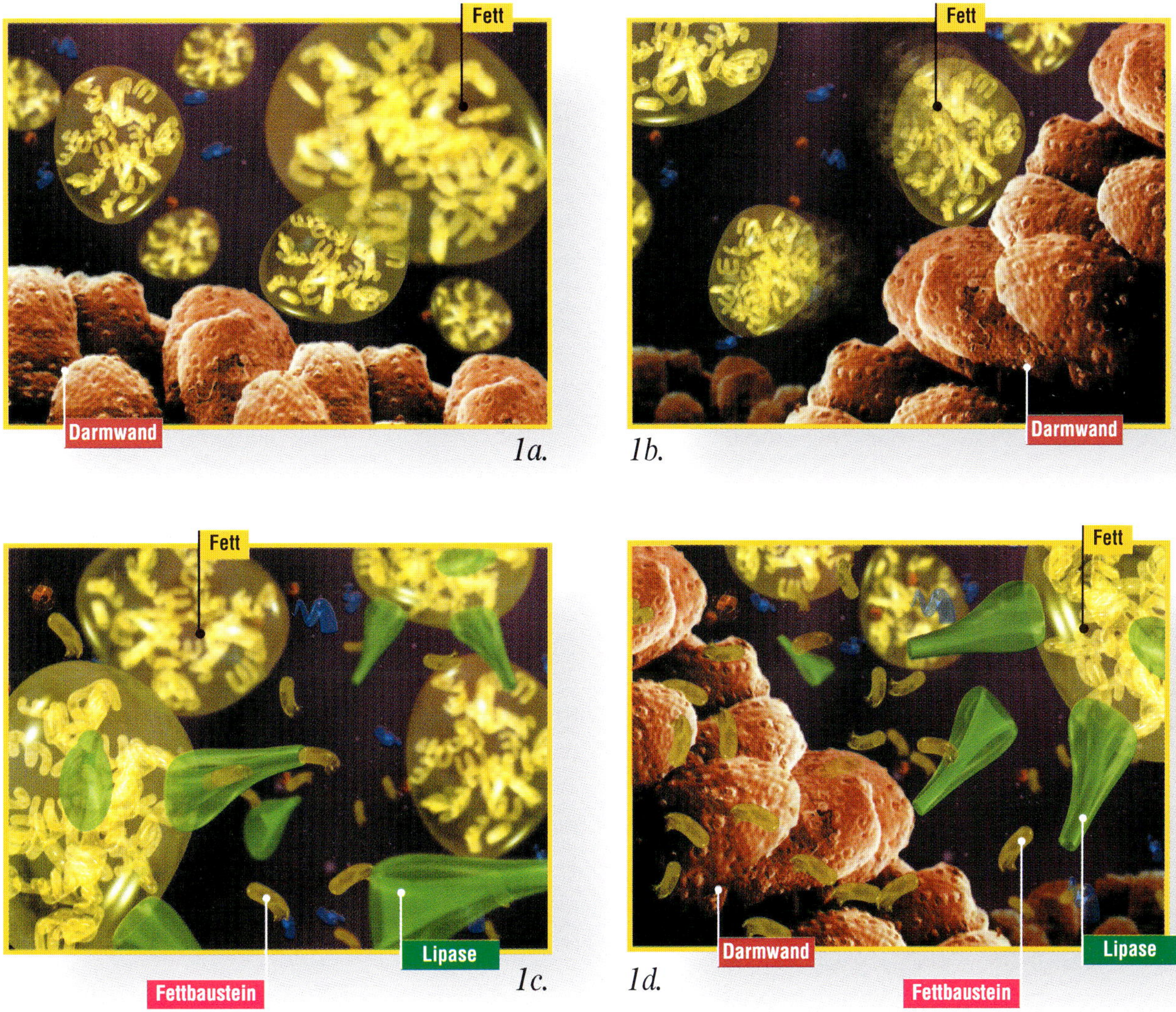

Die Fettpartikel (gelb) aus der Nahrung sind zu groß, um die Darmwand (rot) passieren zu können (1a+b). Das Enzym Lipase (grün) spaltet das Fett in verdauliche Bausteine auf (1c), die jetzt ohne Probleme durch die Darmwand schlüpfen können (1d).

Diese Aufgabe löst ein bestimmtes Enzym, eine Art biologischer Preßlufthammer, der in der Lage ist, die einzelnen Fettsäuren voneinander zu trennen. Dieses Enzym, die sogenannte Lipase, wird in der Bauchspeicheldrüse produziert und mit den bis zu 1,5 Litern Verdauungssaft (daher hat die Bauspeicheldrüse übrigens ihren Namen) in den Zwölffingerdarm abgegeben. Die Lipase stürzt sich auf die Fetttröpfchen, die völlig unverdaut vom Magen in den Darm gelangen und nach wie vor zu groß sind, um durch die Dünndarmwand schlüpfen zu können. Jetzt beginnt die eigentliche Arbeit des biologischen Preßlufthammers: Die Lipase dockt an und löst einzelne Fettsäuren heraus. Damit ist der Weg frei: Sobald die Nahrungsfette die Darmwand passiert haben, werden sie in kleine Transportbehälter (die sogenannten Chylomikronen) aus Eiweiß gesteckt und über unendlich verzweigte Lymphgefäße in Richtung Blutkreislauf geschickt.

Fette im Körper – die richtige „Verpackung" zählt

Jetzt ist das Fett zwar gut portioniert und verpackt dort, wo es hin soll, sein Verdauungsweg aber ist längst noch nicht zuende. Zunächst bedienen sich Fettgewebe, Muskeln und viele andere Körpergewebe an der wertvollen Fettfracht. Auch sie benutzen ein Enzym, mit dem sie die freien Fettsäuren heraussaugen, um sie in den eigenen Stoffwechsel einzubauen. Eine Art Schnellverdauung also. Nachdem das Fett den Blutkreislauf erreicht hat, wird ein weiterer Fettanteil als Körperfett abgespeichert – und das praktisch ohne Energieverlust für den Organismus. Ein geniales Prinzip, das aber leider dick macht. Die ersten Bestimmungsorte des Fettes wären damit also erreicht. Doch was ist mit dem Rest?

Immerhin schwimmen im Blut ja immer noch Unmassen dieser Chylomikron-Fett-Transport-Container umher, die schließlich irgendwohin müssen. Ihr Ziel ist die Leber, die so etwas wie die zentrale Fett-Steuerzentrale des Körpers ist.

Die Leber – Steuerzentrale und Chemiefabrik

In der Leber landen zunächst einmal sämtliche Nahrungsfette, die den Organismus über den Darm erreicht haben, die von der Lipase in verdauliche Bruchstücke gespalten und vorher nicht abgezweigt wurden.

Die Leber wird nun ihrer Rolle als „Chemiekraftwerk" gerecht und verpackt das Cholesterin (eine fettähnliche Substanz, die sowohl aus der Nahrung stammt als auch im Körper produziert werden kann) und die Triglyzeride (auch die stammen aus der Nahrung) neu. Diese etwas veränderten Transport-Container zeichnen sich auch durch etwas andere Eigenschaften aus: Sie können dem Organismus die lebensnotwendigen Fette besser zur Verfügung stellen, als ihre Vorläufer. Als VLDL (very low density lipoproteins) verlassen die Fette nach kurzer Zeit wieder die Leber. Wieder bedienen sich die hungrigen Körperzellen eifrig aus diesen Containern. Diejenigen VLDL-Container, die übrig bleiben, werden zu einem Großteil erneut von der Leber aufgenommen – aber eben nicht alle. Mehr als ein Drittel der VLDL-Container wird im Blut „umgeladen".

Das „schlechte" Cholesterin

Es bilden sich jetzt Container, die besonders viel schädliches Cholesterin und nur wenig Triglyzeride enthalten. Diese sogenannten LDL-Container (low density lipoproteins) gelangen praktisch überallhin. Besonders kritisch ist es, wenn dieser LDL-Wert im Blut sehr hoch ist und die Arterien mit dem Cholesterin in zu intensiven Kontakt kommen. Die Folge: Es kommt zu Ablagerungen aus eben diesem Fett. Im Laufe der Zeit „verkalken" sie (Arteriosklerose), die Gefäße werden zunehmend enger, das Blut kann nicht mehr hindurch. Passiert dies in den Herzkranzgefäßen, ist ein Infarkt die Folge. Sind die Halsschlagader oder die Hirngefäße der Ort dieser Verkalkungen, kommt es zum Schlaganfall.

Die LDL-Container werden auch gerne als das „schlechte" Cholesterin bezeichnet. Doch was ist mit dem angeblich „guten" Cholesterin?

Das „gute" Cholesterin

Auch das gibt es, zum Glück! Unter dem „guten" Cholesterin wird wiederum ein Transport-Container verstanden, der Cholesterin aus dem Blut, aber auch von der Oberfläche von Arterien und anderen Geweben wieder zurück in die Leber transportiert. Der Name: HDL (high density lipoproteins). Je mehr dieser HDL-Container im Blut unterwegs sind, desto besser. Cholesterin ist also nicht gleich Cholesterin. Der Arzt muß sich stets beide Werte anschauen, um herauszufinden, wie hoch die Bedrohung durch diesen Fett-Risikofaktor wirklich ist.

Es geht also nicht allein um das Übergewicht, wenn man vom Fett als Risikofaktor spricht, sondern auch um das „Blutfett" Cholesterin. Und noch eines gilt es zu bedenken: Ein Übel kommt selten alleine, dies trifft auch auf diese beiden Risikofaktoren zu. Übergewicht und deutlich erhöhte Cholesterinwerte treten häufig gemeinsam auf, weil beide durch die Ernährung beeinflußt werden. Nach oben, wie nach unten.

Welches Fett ist wann zuviel?

Leider läßt sich diese Frage nicht einfach beantworten. Den Grund dafür haben wir schon kurz erwähnt. Es gibt nun einmal eine ganze Reihe Risikofaktoren, die erst in ihrer Gesamtheit das „persönliche Risiko" ergeben. Sie addieren sich nicht etwa, sie potenzieren sich sogar.

und vielleicht schon einmal einen Herzinfarkt hatte, bei dem sollte sowohl der Cholesterinwert als auch das Gewicht massiv gesenkt werden. Wer einfach nur ein wenig zu dick ist, darüber hinaus nicht an Diabetes leidet und auch noch keinen Schlaganfall hatte, muß (aus gesundheitlicher Sicht) den überschüssigen Pfunden nicht mit Brachialgewalt zu Leibe rücken.

Abnehmen – mit oder ohne Arzt?

Die meisten Menschen brauchen keinen Arzt, um richtig und gesund abzunehmen. Einige einfache und wirklich umsetzbare Tips reichen völlig aus, um mit den lästigen Speckröllchen an Bauch und sonstwo fertig zu werden. Wie das geht, dazu später mehr. Dennoch gibt es „gewichtige Ausnahmen" von dieser Regel. Nämlich dann, wenn das Gewicht extrem zu hoch ist (Body-Mass-Index über 30) oder noch andere Risikofaktoren die Gesundheit wirklich bedrohen. Dann geht es nur mit dem Arzt und nur mit einer gezielten Therapie. Abnehmen wird dann zur Behandlung, um den möglicherweise sogar lebensbedrohlichen Folgen vorzubeugen. Dann ist auch der Einsatz spezieller, gewichtsreduzierender Medikamente sinnvoll, die vom Arzt verschrieben werden müssen. Auch dazu später mehr - insbesondere über einen neuen medikamentösen Behandlungsansatz, der erst seit kurzem zur Verfügung steht und Anlaß zur Hoffnung gibt.

Ein Maß fürs dick sein

In dieser Frage sind sich die Ärzte mittlerweile einig: Als Grundlage zur Bemessung, was bzw. wer dick ist, dient der sogenannte „Body-Mass-Index" (BMI), eine Berechnung, die etwas komplizierter ist als die Formel „Körpergröße in Zentimetern, minus 100" (Normalgewicht nach Broca). Als grobe Richtschnur dient der Broca-Index zwar immer noch, allerdings haben nach dieser Berechnung hochgewachsene Hünen deutliche Gewichtsvorteile gegenüber kleineren Zeitgenossen. So dürfte ein zwei Meter großer Mann bis zu 100 Kilo wiegen und wäre dennoch im Normbereich.

Der Body-Mass-Index versucht, dieses Ungleichgewicht zu beseitigen. Er errechnet sich aus dem Quotienten von Körpergewicht und der Körpergröße zum Quadrat. Klingt kompliziert, läßt sich aber einfach ausrechnen:

$$\text{BMI} = \frac{\text{Körpergewicht in kg}}{\text{Körpergröße in m x Körpergröße in m}}$$

Wie man den BMI-Calculator handhabt und welche Bedeutung Ihr BMI für Sie hat, können Sie auf Seite 95 nachlesen.

Wann wird aus Dicksein eine Krankheit?

Seitdem das (Über)Gewicht immer mehr in den Blickpunkt der Forschung gerückt ist, hat man sich auch über diese Frage Gedanken gemacht und – ausgehend vom BMI – eine für Männer wie Frauen einheitliche Tabelle entwickelt.

Bereits ab einem BMI von 30 sollte das Abnehmen wie eine Behandlung betrachtet werden und nur unter Aufsicht eines Arztes erfolgen, da es eine Reihe von Problemen zu beachten gilt, die man ohne ärztliche Hilfe nicht ohne weiteres in den Griff bekommt.

Je höher das Gewicht, desto höher der Blutdruck

Daß der Blutdruck der leiseste und erfolgreichste Killer der Welt ist, steht seit langem fest. Bereits zehn Kilo zuviel lassen den oberen, systolischen Wert um etwa drei Millimeter Quecksilbersäule (mmHg) ansteigen. Auch der untere, diastolische Blutdruckwert steigt, wenn auch „nur" um durchschnittlich zwei Millimeter. Die magische Grenze heißt 140 / 90 mmHg. Alles darüber sollte vom Arzt regelmäßig kontrolliert und gegebenenfalls therapiert werden. Und wer es gar auf mehr als 160 / 95 mmHg bringt, kommt um eine Behandlung meistens nicht herum.

Die Blutdruck-Ampel

Roter Bereich Mehr als 160 mmHg systolisch Mehr als 95 mmHg diastolisch	Bluthochdruck – unbedingt behandeln. Zögern Sie nicht, Ihren Arzt aufzusuchen, wenn Sie zuhause solch hohe Werte messen.
Gelber Bereich 140 - 160 mmHg systolisch 90 - 95 mmHg diastolisch	Beobachten und ggf. behandeln. Konsultieren Sie Ihren Arzt, wenn Sie solche Werte zuhause messen.
Grüner Bereich Bis 140 mmHg systolisch Bis 90 mmHg diastolisch	Alles O.K.

Besonders im Grenzbereich kann das Übergewicht also zum sprichwörtlichen „Zünglein an der Waage" des Blutdrucks werden. Wer sein Gewicht jedoch senkt, reduziert auch den Blutdruck. Was also hindert Sie noch daran, sich des einen oder anderen Kilos zu entledigen?

Je höher das Gewicht, desto höher die Zahl der Herzkrankheiten

Um es gleich auf den Punkt zu bringen: Deutlich übergewichtige Menschen (BMI über 30) sterben etwa 15 mal so häufig an einem plötzlichen Herztod wie solche, die im „Normbereich" leben. Auch Arterienverkalkung und zu enge Herzkranzgefäße drohen Übergewichtigen wesentlich häufiger. Darüber hinaus wird das Herz durch die Dauerbelastung oft überanstrengt und ist irgendwann nicht mehr in der Lage, dem Körper genügend Blut zur Verfügung zu stellen (die sogenannte Insuffizienz) – ähnlich einem Gummiband, das reißt, wenn man es zu weit dehnt.

Je höher das Gewicht, desto höher der Blutzucker

Übergewicht ist auch ein wichtiger Risikofaktor für die Entstehung der Zuckerkrankheit Diabetes, genauer dem sogenannten Typ 2, der vor allem ältere Menschen (und „älter" ist man in diesem Zusammenhang bereits ab 40) betrifft.

Der Blutzuckerspiegel steigt, Nerven werden geschädigt, Hände und Füße taub, die Gefäße werden noch mehr belastet. Am Ende können Blindheit, Nierenversagen und Herzinfarkt oder Schlaganfall stehen. Die Blutzuckerkrankheit Diabetes ist eine ernste Krankheit, die wirkungsvoll behandelt werden muß – auch wenn sie zunächst nicht wehtut.

Je höher das Gewicht, desto höher das Cholesterin

Wer zuviel wiegt, bringt auch seinen empfindlichen Fettstoffwechsel aus den Fugen. Sowohl das Cholesterin (LDL) als auch die Triglyzeride im Blut steigen an. Beide begünstigen ihrerseits wieder Herz-Kreislauf-Probleme.

Je höher das Gewicht, desto höher die Zahl der Krebsfälle

Eine weitere Schreckensbotschaft, die im Zusammenhang mit dem Problem Übergewicht aufgeführt werden muß, lautet, daß die Krebsfälle bei stark übergewichtigen Personen deutlich zunehmen – von Darm- bis hin zu Brustkrebs.

Diese unerfreuliche Liste ließe sich noch lange fortsetzen, doch wir wollen es dabei belassen. Dicksein ist eben mehr als nur ein Schönheitsproblem. Wer deutlich über der Norm liegt, gefährdet seine Gesundheit. Die gute Nachricht: Sie können abnehmen, ohne zu hungern und das, ohne auf Genuß verzichten zu müssen. Mit einem Satz: Sie leben gesünder und länger, sind fit und haben mehr Spaß am Leben.

3. Fett macht fett – sonst nix

Alle Jahre wieder ist es soweit. Das Frühjahr naht, weit geschnittene, faltenreiche Kleidung umspielt sanft die Folgen der winterlichen Festtage, und pünktlich mit dem Anstieg des Thermometers liegen sie wieder an jedem Kiosk aus: Dutzende von Zeitschriften, die mit braungebrannten und superschlanken Models für diese oder jene Diät werben – die Mayo-Diät, die Kiwi-Diät, die Milch-Wochen und was es sonst noch so gibt. Und jedes Jahr sind diese Zeitschriften mit ihren Diätversprechen wahre Renner – ganz egal, welcher Frauenvorname nun das Titelblatt ziert. Komischerweise sind es auch immer wieder die gleichen Käufer(innen), die von diesen Produkten nicht lassen können und sich Jahr für Jahr einer oder gleich mehreren neuen Diäten unterwerfen. Und spätestens wenn prominente Menschen mit holländischem Akzent im Fernsehen den ultimativen Abnehm-Drink, der natürlich auch noch so richtig gesund sein soll, anpreisen, werden Augen und Fragezeichen angesichts der Werte auf der heimischen Waage immer größer.

Wer hat sich beim Anblick dieser Traumfrauen und -männer, die einen aus den für viel Geld erworbenen Zeitschriften immer fröhlich und mit einer Hantel in der Hand anlächeln und mitteilen, daß es für sie gar kein Problem war, ihr Traumgewicht zu erreichen und zu halten, nicht schon verzweifelt gefragt: „Was mache ich nur falsch?"

Nicht verzweifeln – Sie gehören zur Mehrheit!

Fragen Sie sich doch einmal, warum in konsequenter Regelmäßigkeit immer wieder die gleichen Zeitschriften für die immer gleichen Leserinnen die immer gleichen Diätthemen bringen und damit immer gleich erfolgreich sind? Weil es die wenigsten dieser Leser schaffen, auf Dauer abzunehmen und genau deshalb jedes Jahr aufs neue den Heilsversprechen entgegenfiebern. Häufig werden Diäten mit phantastischen Erwartungen verknüpft: „Diesmal schaffe ich mindestens 15 Kilo. Die erste Woche esse ich gar nichts, dann sehe ich schon einmal einen ersten Erfolg." Hochgesteckte Ziele, die nur die wenigsten erreichen. Schlimmer noch. Selbst diejenigen „Diätgeplagten", die ihren Traumwert schaffen und wochenlang gehungert haben, halten ihr Gewicht in den meisten Fällen nicht lange. Traurig, aber wahr: Es kommt zu einem „Jo-Jo-Effekt" – kaum ist die Waage auf die anvisierte Zahl gerutscht, wird wieder „normal gegessen", und nach ein paar Tagen ist es vorbei mit dem Traumgewicht. Flugs wird ein neuer Grenzwert festgelegt, ab dem man wieder mit dem Abnehmen beginnen möchte, sollte, müßte ... usw., usw. Abzunehmen gelingt bei konsequent durchgehaltener Diät vielleicht, doch mit dem Halten des Gewichtes sieht es ganz anders aus. Die meisten Ex-Dicken werden wieder zu dem, was sie waren: dick!

Wer sein Gewicht nicht nur für ein paar Wochen reduzieren will, sollte gar nicht erst daran denken, dies mit einer Diät bewerkstelligen zu wollen. In der Regel läuft man mit einem knurrenden Magen, schlechter Laune und einem gequälten Gesichtsausdruck umher. Darüber können auch die lächelnden Traumfrauen mit der Barbie-Figur auf den Titelseiten der Magazine nicht hinwegtäuschen!

Nicht verzweifeln – es gibt keine Blitzdiäten!

Wer jetzt sehnsüchtig an die Traummaße von Models denkt und mit einer sogenannten „Blitzdiät" liebäugelt, dem sei an dieser Stelle gesagt, daß es keine Blitzdiäten gibt. Wer behauptet, mit einer solchen Blitzdiät abgenommen zu haben, hat zwar einen Gewichtsschwund auf seiner Wage beobachten können, dummerweise aber haben sich da nicht „sieben Pfund Fett in sieben Tagen" aus dem Staub gemacht, sondern vor allem Wasser und Muskelmasse – nur, davon sollte sich eigentlich niemand freiwillig trennen.

Man wiegt zwar weniger, aber die „Pölsterchen" sind immer noch dort, wo sie waren. Und kaum ist die „Super-Diät-Woche" vorbei, zeigt die Waage nach kurzer Zeit wieder ganz vertraute Werte an – auch das ist also keine Alternative.

Nicht verzweifeln – vergessen Sie einfach alle Diäten!

Die Sache ist eigentlich ganz einfach. Verabschieden Sie sich von der Vorstellung, mit einer „Diät" wirkungsvoll und langanhaltend abnehmen zu können. Sie leben nun schon seit langem mit Ihren Kilos – jeder Versuch, sich in Rekordzeit von ihnen zu verabschieden, wird mißlingen. Der Traum von zehn Pfund weniger in genauso wenigen Tagen ist nicht realistisch und vor allem nicht von Dauer – so sehr Sie sich auch anstrengen. Selbst wenn Sie diese zehn Tage oder auch einige Wochen durchhalten: Je schneller Sie abnehmen, desto schneller werden Sie auch wieder zunehmen. Da helfen alle guten Vorsätze nichts.

Zu verdanken haben Sie dies letztlich Ihrem Körper und dem Einfallsreichtum der Natur. Der Organismus wehrt sich mit Leibeskräften dagegen, solchen Hungerphasen über längere Zeit ausgesetzt zu sein. Jeder kennt die Folgen: Man ist schlecht gelaunt und reizbar, wenn man wenig oder gar nichts ißt. Darüber hinaus registriert der Organismus binnen weniger Tage, daß die Versorgung immer dürftiger wird. Er reagiert darauf, indem er den Energieverbrauch drosselt. Er setzt sich quasi selbst auf „Sparflamme". Nach dem Wasser- und Muskelmasseverlust zu Beginn einer jeden Diät schreitet nach wenigen Tagen der Gewichtsverlust immer langsamer voran. Der Körper braucht einfach weniger Energie! Das Angebot bestimmt auch hier die Nachfrage.

Ungefähr 60% der tagtäglich benötigten Energie werden für den sogenannten Grundumsatz zur Verfügung gestellt. Gleichgültig, ob wir nun im Bett liegen, Urlaub haben oder im Büro sitzen: Der Grundumsatz hält unsere Körperfunktionen aufrecht. Er ist also so etwas wie ein existentiell notwendiges Lebenserhaltungssystem. Weniger geht einfach nicht.

Weitere 10% gehen als „Wärmeverlust", der bei der Umwandlung der Nahrung in (Körper)Energie entsteht, verloren. Für die körperliche Aktivität ruft der Organismus etwa 30% der aufgenommenen Kalorien als Energielieferant ab.

Die Kalorien, die wir mit der Nahrung aufnehmen, werden also entweder sofort genutzt oder in Speicherfett umgebaut – am leichtesten wiederum aus dem Fett, das wir mit der Nahrung zu uns nehmen. Lediglich in unserer Leber gibt es so etwas wie einen Reservetank mit Kohlenhydraten. Die können im Akutfall ohne Zeitverlust freigesetzt werden, um den Körper schnell mit Energie zu versorgen. Erst wenn diese Glykogen-Energie aufgezehrt ist, geht's dem Fett an den Kragen.

Ein Teufelskreis also? Nein! Kann man überhaupt gesund und auf Dauer abnehmen? Ja! Es kommt entscheidend darauf an, sich langsam von seinen Pfunden zu trennen und die Kilo-Front von mehreren Seiten gleichzeitig anzugehen – also über den Energie-Input (Ernährung) und den Energie-Output (Bewegung und Steigerung des Grundumsatzes). Nur wer sich beim Abnehmen Zeit läßt, kann seinen Körper überlisten. Mehr als ein Pfund Gewichtsabnahme pro Woche ist zuviel. Die Ausnahme: ein Therapiekonzept, das auf weniger Fett, mehr Sport und dem neuen Fettblocker-Medikament mit dem Wirkstoff Orlistat beruht.

Nicht verzweifeln – weg mit dem Fett!

Beginnen wir mit der Ernährung. Nein, nein – Sie müssen jetzt nicht Ihre Kalorientabelle wieder hervorkramen. Es geht um etwas viel Simpleres! Zwar haben praktisch alle übergewichtigen Personen das Problem, daß sie zu viele Kalorien im Verhältnis zu ihrem Energieverbrauch aufnehmen. Aber diese Kalorien haben eine unterschiedliche Qualität. Der Kardinalfehler besteht darin, die Gesamtheit der Nahrungskalorien über Diäten runterschrauben zu wollen, denn Dicke haben nicht etwa Schwierigkeiten mit allen Kalorien, sondern in der Regel nur mit den Fettkalorien. Wie häufig liest man, daß die 1000-Kalorien-Diät angeblich der „Knaller" schlechthin sei – völliger Quatsch! Es kommt nicht so sehr darauf an, die Kalorien in ihrer Gesamtheit zu reduzieren, sondern sehr gezielt und effizient auszuwählen.

Die wichtigsten Kalorienträger der Nahrung

Fett	9 Kalorien pro Gramm
Alkohol	7 Kalorien pro Gramm
Eiweiß	4 Kalorien pro Gramm
Kohlenhydrate	4 Kalorien pro Gramm

Wie bereits erwähnt, greifen übergewichtige Menschen häufiger zu fettreichen Nahrungsmitteln als notwendig. Nur, wie sieht eigentlich eine „richtige und gesunde" Ernährung aus? Die entsprechenden Empfehlungen gibt es seit Jahren.

• Die Basis der Ernährung bilden die Getreideprodukte, die sowohl Ballaststoffe als auch Kohlenhydrate enthalten. Etwa 40% unserer gesamten Ernährung sollten wir also mit Brot, Cornflakes, Reis oder Nudeln decken. Doch was heißt 40% der gesamten Ernährung? Heißt das 40% ihres Gewichtes, ihres Volumens oder ihrer Kalorien? Die Prozentangaben beziehen sich auf die Kalorien, also den Energiegehalt der einzelnen Lebensmittel.
• Direkt über der Ernährungsbasis angeordnet: Obst und Gemüse. Mit etwas mehr als einem Drittel trägt es ebenfalls in erheblichen Maße zu einer ausgewogenen Ernährung bei.
• Tierische Produkte rangieren ziemlich weit oben in dieser Pyramide, wo deutlich weniger Platz ist! Maximal 20% sind reserviert für Fleisch, Fisch, Geflügel, Eier und alle anderen tierischen Produkte.
• Und ganz oben schließlich stehen die Fette, Öle, Süßigkeiten und Kuchen. Nur etwa 5% aller über Lebensmittel zugeführten Kalorien sollte man aus dieser Kategorie zu sich nehmen.

Was heißt das konkret? Wieviel sind 5% von unserem täglichen Kalorienbedarf? Eine kleine Rechnung hilft hier weiter (es wird das einzige Mal sein, daß in diesem Buch von Kalorien pro Tag gesprochen wird). Wenn wir einmal von 2.500 Kalorien (richtig müßte es natürlich Kilokalorien heißen) als Tagesbedarf ausgehen, dann entsprechen 10% davon 250 Kalorien, 5% wären 125 Kalorien. Diese 125 Fettkalorien entsprechen etwa 14 Gramm Fett – mehr nicht. Wenn Sie also mittags Ihren Salat mit drei Eßlöffeln Olivenöl verfeinern, wär's das dann schon gewesen für diesen Tag – jedenfalls in Bezug auf die Spitze der Ernährungspyramide.

Eine gute Bilanz – nur eine Frage der Zeit

Jahrelang wurde uns eingeredet, man müsse diese Enährungspyramide jeden Tag strikt umsetzen. Doch genau das stimmt nicht! Es ist wie in der Wirtschaft. Eine Bilanz kann gut oder schlecht aussehen, es ist häufig nur eine Frage des Zeitraums, den man sich anschaut. Genau das gilt auch für unser „täglich Brot".

Wer am Sonntag mal zwei Stücke Kuchen ißt, um am Montag und Dienstag dann wieder entsprechend weniger aus der Pyramidenspitze zu sich zu nehmen, liegt genauso wieder im „grünen Bereich" wie jemand, der mit eiserner Disziplin wirklich jeden Tag strikt nach Plan lebt. Das Zauberwort heißt hier: flexible Kontrolle. Jeder, wie er will! Wer sich seine Ziele allzu hoch steckt, wird scheitern. Wer scheitert, erlebt Frust, der in der Regel wiederum mit verstärktem Essen kompensiert wird – und wieder ist es nichts mit der richtigen Ernährung.

Bleiben Sie also flexibel. Richten Sie sich beispielsweise auf eine Wochenbilanz ein. Dann sind sowohl der Lachs an Ostern, die Gans zu Weihnachten und auch drei Stücke Sahnetorte drin. Sie bestimmen, wo's langgeht, nicht irgendeine Ernährungstabelle!

Die Nahrungspyramide – häufig steht sie Kopf

Doch wie sieht die Praxis aus? Leider nicht so, wie es sich die Ernährungsexperten ausgedacht haben! Vor allem dickere Menschen stellen ihre Nahrungspyramide häufig auf den Kopf. Insbesondere die beiden oberen Stockwerke mit den Milch- und Fleischprodukten sowie den Süßigkeiten, Ölen und Fetten geraten bei diesen Menschen zu „übergewichtig“ und lassen die gesamte Statik des sensiblen Gebäudes heftig leiden.

Wer also abnehmen möchte, sollte damit beginnen, seine Ernährung kritisch unter die Lupe zu nehmen. Wenn's bei Ihnen vor allem in den Spitzen-Gruppen I und II richtig „dicke“ kommt, gibt's eine Menge Möglichkeiten, um gesättigt seine Kilos loszuwerden.

„Oben sparen und unten draufpacken!“ So lautet das Motto.

Die richtige Ernährung – testen Sie Ihr Eßverhalten

Sicher werden Sie jetzt wissen wollen, wie Ihre eigene tagtägliche Ernährungspyramide aussieht. Machen Sie einfach die Probe aufs Exempel. Mit Hilfe unseres Fettkontos im nächsten Kapitel können Sie eine Woche lang Ihr persönliches „Ernährungsprofil“ erfassen. Nach sieben Tagen kommt dann die Stunde der Wahrheit. Wie's geht, sehen Sie ab Seite 33.

Kohlenhydrate – soviel Sie wollen

Ja, Sie haben richtig gelesen! Sie können soviel Nudeln, Reis, Brot, Kartoffeln, Gemüse usw. essen, wie Sie wollen. Vergessen Sie all das, was Sie über den Kalorienanteil dieser Produkte gehört haben. Wir brauchen 1,2 bis 1,4 Kilo feste Nahrung pro Tag, sonst fühlen wir uns nicht wohl und auch nicht satt. Bedienen Sie sich also hemmungslos bei den Basisgruppen I & II, essen Sie, bis Sie wirklich satt sind. Nur wenn genügend Kohlenhydrate (Glucose) in unserem Blut umherschwimmen, sind wir satt und ersparen uns wilde Hungerattacken.

Eiweiß – soviel Sie wollen

Und als ob das noch nicht genug wäre: Auch Eiweiß können Sie praktisch ohne Einschränkungen genießen. Denn auch hier steht das Verhältnis von Nahrungsvolumen und Energiegehalt in einem vernünftigen und damit sättigenden Verhältnis. Im Klartext: Wir fühlen uns nur dann satt, wenn wir auch die richtige Kalorienmenge zu uns nehmen. Die Masse macht's. Ein Beispiel für eine optimale Mahlzeit mit jeder Menge Eiweiß: Muscheln, eine fettarme und leckere Alternative. Ein fettarmes Menü muß also nicht fad oder geschmacksarm sein. Jeden teuer beleibten Gourmet, der ihnen gegenüber anderes behauptet, werden Sie mit dem Hinweis auf frische Austern oder andere Muscheln mit Salzkartoffeln, Gemüse, Weißbrot und ein wenig Wein in die Schranken ver-

Ernährungspyramide: Die optimale Ernährung enthält nur 5% reines Fett. 25% sind in den anderen Nahrungsmitteln enthalten.

Tatsächlich steht die optimale Ernährungspyramide häufig auf dem Kopf: viel zu viel Fett, zuwenig von den Basisgruppen.

weisen. Auch ein gesundheitsbewußter und auf sein Gewicht achtender Gourmet darf ein Gourmand sein, also jemand, der gerne kräftig zuschlägt.

Fett – soviel Sie zum guten Geschmack brauchen

Beim Fett sieht die Sache anders aus! Fett trägt weder dazu bei, daß wir satt werden, noch weist es genügend Volumen auf, um den Magen zu füllen. Es schleicht sich mit jeder Menge Kalorien ein, von denen wir aber nichts haben. Mehr Fett ist nicht etwa gleichbedeutend mit mehr Geschmack. Fett ist leere, unnütze Energie, die uns dick, nicht jedoch satt macht.

Wir sollten den Fettgehalt unserer Nahrung also einfach senken, Fett aber nicht gänzlich aus unserem Speiseplan verbannen. Das wäre sogar ungesund. Wir brauchen jeden Tag eine gewisse Menge Fett, soll unser Stoffwechsel nicht verrückt spielen. Nur zur Erinnerung: Einige Vitamine gelangen nur mit dem Fett in den Körper, und der Organismus braucht bestimmte Fettsäuren, weil er sie nicht selbst herstellen kann. Außerdem hätte eine völlige Fettabstinenz geschmacklich fatale Folgen: Ohne Fett schmecken nun einmal die meisten Lebensmittel nur halb so gut – wenn überhaupt.

Den Verzehr von Fett also normalisieren – das ist das Gebot der Stunde, wenn man abnehmen und schlank bleiben will. So geht's mit Genuß.

Keine Regel ohne Ausnahme – zum Wohl!

Und der Haken an der Sache? So einfach kann es doch nun wirklich nicht sein! Was ist mit dem berühmt-berüchtigten und weithin sichtbaren Bierbauch vieler Zeitgenossen? Welche Rolle spielt eigentlich der Alkohol, wenn es unserem Körperfett an den Kragen gehen soll? Immerhin steht er ja hinter Fett auf Platz zwei der „Kalorien-pro-Gramm-Tabelle".

Je nach Region zählen Bier oder Wein nach wie vor zu den Grundnahrungsmitteln der Deutschen. Vom „flüssigen Frühstück" mit anschließendem „Frühschoppen" bis hin zum kultivierten Cognac nach dem Abendessen – Alkohol gehört einfach dazu. Auf Feten, mit Freunden, auf der Kirmes, nach der Kirchweih oder auch alleine abends vor dem Fernseher. Der Alkoholgenuß (nicht der Mißbrauch!) ist ein Bestandteil unserer Kultur, in manchen Kreisen, besonders bei Weinliebhabern, ist er sogar Kult.

Alkohol & Abnehmen – weniger ist mehr

So angenehm der Genuß von Alkohol auch sein mag, wer abnehmen will, sollte ihn nur in Maßen genießen. Aber auch hier heißt es wieder: Flexible Kontrolle! Sie bestimmen, wie flexibel Sie sein möchten. Ein oder auch zwei Gläser Wein bzw. Bier (allerdings keine „Maß") sind völlig in Ordnung. Und wer bei einem Fest, einer Familienfeier oder am Wochenende einmal deutlich über die Stränge schlägt, sollte an den folgenden Tagen eben etwas kürzer treten. Vor allem in Kombination mit einem fetten und damit kalorienreichen Essen wird Alkohol zum regelrechten „Dickmacher".

Der Grund liegt in unserem Stoffwechsel. Alkohol blockiert die Fettverbrennung im Körper. Hinzu kommt, daß unser Organismus den Alkohol nicht einfach so abspeichern kann. Er muß ihn erst einmal „entgiften", und er tut dies mit einem Enzym: der Alkohol-Dehydrogenase, die in der Leber aktiv ist. Dieser Vorgang hat für den Körper absoluten Vorrang. Immerhin ist Alkohol ein stark wirksames Nervengift, das es so schnell wie möglich aus dem Körper zu schaffen gilt, auch wenn wir diese „Giftwirkungen" als durchaus angenehm empfinden. Bei dieser Prozedur wird Energie frei, und nicht zu knapp: etwa sieben Kalorien pro Gramm. Genug, um mit einigen Gläsern eines alkoholischen Getränkes den Energiebedarf einer gesamten Mahlzeit zu decken. Allein der Alkohol einer Flasche Wein liefert etwa 500 Kalorien.

Und was macht unser Körper aus dem opulenten Mahl? Fett! Der Körper hat wegen des Alkohols weder Zeit noch Bedarf, den Energievorrat im Magen anzuzapfen. Also wird ein Großteil des Fettes aus dem Essen unversehens in Körperfett umgewandelt!

Alkohol an sich macht also nicht unbedingt dick (solange wir nicht mehr essen und trinken, als wir an Kalorien tatsächlich brauchen), aber er sorgt recht erfolgreich dafür, daß die über die Nahrung aufgenommenen Fette ansetzen. Der „Bierbauch" stammt also nicht etwa vom Alkohol aus ungezählten Flaschen, sondern vom Nahrungsfett, das – dem Alkohol sei Dank – sofort abgespeichert wird. Als Bierbauch.

Alkohol & Gesundheit – regelmäßig ist tödlich

Wieviel Alkohol ist eigentlich gesund? Diese Frage läßt sich nur schwer beantworten. Leichter läßt sich sagen, wieviel Alkohol pro Tag mit Sicherheit krank macht.

Mittlerweile steht zweifelsfrei fest, daß einige Gramm (also beispielsweise ein Glas Wein oder Bier) pro Tag einen schützenden Effekt haben und der Verkalkung der Arterien und damit Herzinfarkt und Schlaganfall vorbeugen. Dennoch ist Vorsicht geboten! Daß Alkohol abhängig machen kann, ist weithin bekannt. Und abhängig kann schon sein, wer ein oder mehrere Gläser Alkohol jeden Tag braucht. Alkohol als eine Art Medikament zu verstehen, wäre sicher der falsche Weg. Unabhängig von einer drohenden Abhängigkeit (und damit oft einhergehenden Hirnschäden) beträgt die erlaubte Tagesdosis bei Männern durchschnittlich bis zu 60 Gramm Alkohol. Diese Menge Alkohol entspricht etwa einem Liter Bier bzw. wenig mehr als einem halben Liter Wein – mehr nicht! Bei einem durchschnittlich höheren Tageskonsum, steigt die Wahrscheinlichkeit, irgendwann an einer Leberzirrhose zu erkranken, drastisch an.

Wer also von den Herren der Schöpfung regelmäßig mehr als diese Menge konsumiert und sich nicht dazu durchringen kann, den täglichen Alkoholverzehr einzuschränken, sollte sich seine Lebensversicherung möglichst früh ausbezahlen lassen, um noch in deren Genuß zu kommen. Bei Frauen liegt die Grenze bei etwa 30 Gramm pro Tag, was einem großen Bier oder einem „Viertele“ Wein (0,25 Liter) entspricht.

Nochmals sei es gesagt: Wer ab und an einmal über die Stränge schlägt, hat nichts zu befürchten. Auch beim Alkohol gilt die alte, wenn auch etwas abgewandelte Weisheit: Steter Tropfen höhlt das Hirn und führt zu einer steinharten Leber.

Limo, Cola & Co. – Kohlenhydrate pur!

Süßgetränke sind in aller Munde. Die großen, weltweit tätigen Getränkekonzerne freut's – die Zahnärzte dank Karies vielleicht auch. Ein Gebräu – ein Geschmack – ein den Globus umspannender Verkaufsschlager. Dummerweise aber stimmt bei Cola & Co. das Verhältnis von Kalorien und Volumen nicht mehr. Wenige Gläser bringen die Kalorien-Tagesbilanz ziemlich aus der Balance. Wieder hilft der „Fahrrad-Vergleich“. Mit nur einer Flasche Cola (1 Liter) könnten Sie fast eine dreiviertel Stunde radeln.

Die Lösung sind Light-Produkte: Der Zucker ist hier durch Süßstoff ersetzt. Mehr als Wasser, Farb-, Konservierungs- und Aromastoffe sind in diesen Getränken nicht enthalten, die Gefahr des Dickwerdens durch die Hintertüre besteht somit nicht. Damit stellen Light-Säfte, -Limos und -Cola eine wirkliche Alternative dar. Anders sieht es bei Süßigkeiten, Puddings,

Joghurts oder anderen Light-Produkten aus. Man führt sich selbst in Versuchung, möchte dem Light-Prinzip nur allzu gerne glauben und spachtelt kräftig drauf los. Viel mehr als sonst, weil es ja „light" und damit O.K. ist. Eben nicht, zumindest nicht im Übermaß. Die Experten sprechen hier von einer „Überkompensation". Auch die Lebensmittelprodukte, die unser aller Leben „lighter" machen, bergen also die Gefahr in sich, das Gewicht auf der Waage nach oben zu schrauben. Zum Glück aber trifft das (wie gesagt) nicht auf süßstoffsüße Säfte, Limos und Cola zu.

Süßigkeiten & Kuchen – Fett total!

Leider ist nicht der Zucker in den meisten Süßigkeiten (auch wenn sie nach dem Geschmack des Zuckers benannt sind) das Problem, sondern vielmehr das Fett! Besser würde man Süßigkeiten also als „Fettigkeiten" bezeichnen. Von der Schokolade über die Nougatpraline bis hin zum Tortenstück – Fett total. Vor allem, was besonders cremig ist, verheißt in der Regel nichts Fettarmes. Doch auch der trockene Keks kann Butter in Massen enthalten.

Was bleibt, sind solche Süßigkeiten, die weitgehend ohne Fett auskommen. Dazu zählt ein fett-, aber nicht geschmacksarm zubereitetes Tiramisu genauso wie Russischbrot. Mehr dazu später. Also, lassen Sie sich das Wasser schon einmal im Munde zusammenlaufen – wir versprechen Ihnen bereits an dieser Stelle einen Genuß ohne die geringste Reue! Weder den Geschmack noch die Waage betreffend.

4. Kalorien zählen – nein danke!

Wir meinen die Kapitelüberschrift durchaus ernst! Sie brauchen in Zukunft keinerlei Kalorien mehr mühevoll zusammenzurechnen. Vorbei sind die Zeiten, in denen Sie jedes Lebensmittel auf dem Teller berücksichtigen mußten. Es reicht völlig aus, sich allein an einer entscheidenden Frage zu orientieren. Wieviel Fett ist wo drin?

Also doch wieder eine Tabelle mit jeder Menge Zahlen und aufwendiger Rechnerei? Nein! Sie müssen lediglich bis etwa 60 zählen können – und dies auch nur am Anfang Ihrer Fett-Normalisierungs-Phase. Die Checkliste im Anhang benötigen Sie als Hilfe nur zu Beginn. Später, also nach ein paar Wochen, nicht mehr. Wieviel Fett sich in welchem Lebensmittel befindet, werden Sie sich sehr schnell merken können und dann ist jede Rechnerei überflüssig. Sie werden wie von selbst auf die „Fettbomben" des Alltags aufmerksam. Und wir schlagen leckere Alternativen vor. Ein Beispiel: Wenn Sie besonders gerne Fleisch mögen und Bratwürste bevorzugen, nehmen Sie pro Thüringer oder Nürnberger Würstchen im Schnitt mehr als 30 Gramm Fett auf. Ziemlich genau die Hälfte von dem, was Sie pro Tag zu sich nehmen sollten. Dennoch muß niemand auf ein knuspriges Stück Fleisch verzichten. Sie könnten für die gleiche Fettmenge einer Bratwurst mehr als zwei Kilo (!) Putenschnitzel verdrücken. Sie sehen also, es geht wirklich nur um die richtige Auswahl, um flexible Kontrolle. Wenn Sie ab und zu regelrechten Heißhunger auf eine Bratwurst haben, dann essen Sie eben eine und sparen an den folgenden Tagen wieder einige Gramm Fett ein. So einfach ist das. Wie gesagt, wir haben es selbst ausprobiert und keiner von uns hat dabei gehungert.

Ihre Fettpunkte – Lust oder Frust?

Natürlich braucht man irgendeine Meßlatte, an der man sich zu Beginn orientieren kann. Wir haben uns zu diesem Zweck das „Fettpunktekonto" einfallen lassen. Es ist ganz einfach zu handhaben. Ein Gramm Fett (egal, wo es herkommt) entspricht einem Punkt auf diesem Konto. Wer auf Dauer abnehmen möchte, sollte es pro Tag auf maximal 60 Punkte bringen – also 60 Gramm Fett. Und um gleich Mißverständnissen vorzubeugen: Auch unser Fettpunktekonto bietet Ihnen jede Menge Flexibilität. Sie können es „überziehen", etwas „ansparen" – ganz so, wie Sie möchten und wie es Ihnen schmeckt. Die Zeitvorgabe „pro Tag" ist also nur als grober Richtwert zu verstehen. Sie können Ihr Fettpunktekonto natürlich auch über eine Woche hinweg gerechnet im grünen Bereich halten. Und so ist das Fettpunktekonto auch unterteilt: in einen grünen, gelben und roten Bereich. Drei Farben, die auf den ersten Blick sichtbar machen, in welchem Bereich man gerade liegt.

Der grüne Bereich

Sie liegen mit Ihren Fettpunkten genau auf Abnehmkurs. Halten Sie diesen Bereich und stabilisieren Sie ihn.

Der gelbe Bereich

Sie liegen „dicht dran". Mit nur noch kleinen Veränderungen schaffen Sie den Sprung in die grüne Zone. Die zweite Möglichkeit: Heute gelb, morgen „dunkelgrün" - was Sie heute zuviel haben, sparen Sie morgen wieder ein.

Der rote Bereich

Sie liegen zwar noch deutlich „über der Norm", aber niemand sagt, daß dies auch so bleiben muß. Durchforsten Sie Ihren Speiseplan und wenn Sie mal über die Stränge geschlagen haben, sparen Sie an den folgenden Tagen etwas ein.

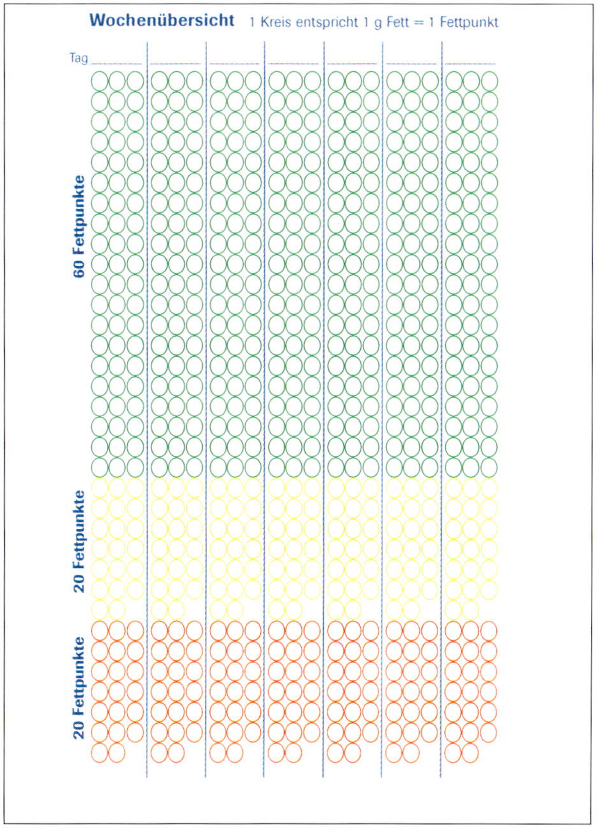

In Ihr Fettpunktekonto tragen Sie täglich Ihre Fettpunkte ein, die Sie zu sich genommen haben.

Verstehen Sie diese Konto-Idee also bitte nur als ein Hilfsmittel auf Zeit. Sie werden sehen, nach ein paar Wochen greifen Sie wie von selbst zu den richtigen Lebensmitteln bzw. zu den Alternativen, die Ihnen schmecken.

Das Fettpunktekonto – wie funktioniert's?

Wir haben für Sie im Anhang die wichtigsten Lebensmittel nach Gruppen geordnet und in der Regel portionsweise aufgeführt. Sie können so – auch unterwegs – den Fettgehalt fast jeder Mahlzeit schnell und zuverlässig bestimmen. Etwas schwieriger wird die Sache im Restaurant oder in der Kantine, aber dazu später mehr.

Am einfachsten ist es, wenn Sie Ihr Fettpunktekonto immer bei sich haben, um schnell die jeweiligen Punkte aus der Tabelle ablesen und auf Ihr Konto

„überweisen“ zu können. Wir haben an uns selbst festgestellt, daß wir uns häufig abends nicht mehr genau an das erinnern konnten, was wir den Tag über zu uns genommen hatten. Unsere Empfehlung daher: Führen Sie Ihr Fettpunktekonto immer mit sich.

Entnehmen Sie einfach das Fettkonto im Anhang aus dem Buch, falten und heften sie es zu einem handlichen „Taschenformat“, oder Sie bestellen sich Ihr Fettpunktekonto kompakt für die Jackentasche und gebunden für nur zehn Mark (per Nachnahme) unter folgender Adresse:

Infobüro Adipositas
- Patientenberatung -
Hopfensack 19
20457 Hamburg

Die Fettpunktebilanz – wie funktioniert's ?

Mit Hilfe unserer Tabelle können Sie den Fettgehalt der meisten Lebensmittel sofort bestimmen. Und wenn nicht: Der Blick auf das Etikett genügt häufig, um den Fettgehalt in Prozent bzw. den Fettgehalt pro 100 Gramm Nahrungsmittel in Erfahrung zu bringen. Und da ein Gramm Fett bzw. 1% Fett pro 100-Gramm-Portion einem Fettpunkt auf Ihrem Konto entspricht, können Sie die Punktzahl entsprechend selbst ermitteln und so gezielt bestimmen, wieviel Sie für dieses oder jenes Lebensmittel investieren möchten.

Ein Beispiel: Nehmen wir an, Sie wollen ein Glas Milch trinken (Milch ist natürlich in unserer Tabelle aufgeführt) und haben keine Lust, in Ihrer Fettpunkteliste nachzusehen. In Vollmilch sind normalerweise etwa 3,5% Fett enthalten. In ein Glas passen etwa 200 ml, also rund 200 Gramm Milch. Und da 3,5% Fett 3,5 Gramm pro 100 Gramm Milch entsprechen, sind Sie nun mit 2 x 100 ml (soviel paßt ja ins Glas) dabei. Also: 2 x 3,5 Gramm Fett = 7 Gramm reines Fett.

Die Alternative kennt jeder. Fettarme Milch beinhaltet nur 1,5% Fett. Rechnen Sie doch schnell zur Übung einmal selbst aus, wieviel Gramm Fett in einem Glas mit 200 ml Milch stecken. (2 x 1,5 Gramm Fett = 3 Gramm reines Fett.)

Diese Form der Berechnung ist zwar nicht hundertprozentig präzise, doch Sie befinden sich mit der einzukalkulierenden Ungenauigkeit in jedem Fall auf der sicheren Seite. Denn: lieber mal einen Fettpunkt zuviel berechnen, als einen zuwenig.

Die Formel für alle Lebensmittel:

Menge der Speise oder des Getränks durch 100 teilen, dann mit dem Fettgehalt in Prozent oder Gramm Fett pro 100 Gramm Lebensmittel multiplizieren. Das Ergebnis: der absolute Fettgehalt (in Gramm) in Ihrer Speise oder Ihrem Getränk entspricht Ihren persönlichen Fettpunkten.

$$\frac{\text{Menge Speise/Getränk (in g)}}{100} \bullet \text{Fettgehalt (in \% oder g/100 g)}$$

= Gramm reines Fett in Speise/Getränk = Anzahl der Fettpunkte

Aber keine Regel ohne Ausnahme: Bei Milchprodukten (z. B. Käse) ist der Fettgehalt in der Trockenmasse (i. Tr.) angegeben, also der Fettgehalt nach Abzug des Wasseranteils. Bei Schnittkäse beträgt dieser etwa die Hälfte des Gesamtgewichts. Darum halbiert sich der errechnete Fettgehalt, wenn die Angabe in „Fett % i.Tr." angegeben ist. 100 Gramm Käse mit 40% Fett i.Tr. enthält also tatsächlich nur 20% Fett pro 100 g.

Der Tag – Ihr Fettkonto

Auch die Tagesbilanz können Sie ganz einfach selbst erstellen, ohne Buchhalter zu sein oder Mathematik studiert haben zu müssen. Rechnen Sie einfach all das, was Sie tagsüber gegessen haben, zusammen.

Noch einmal sei es gesagt: All das werden Sie nur wenige Wochen praktizieren müssen, dann geht es wie von selbst.

Hier unser Beispiel:

FRÜHSTÜCK	
2 Scheiben Vollkornbrot	Keine Fettpunkte!
Kaffee und Orangensaft	Keine Fettpunkte!
1 Teelöffel Margarine oder Butter	4 Punkte
1 Teelöffel Marmelade	Keine Fettpunkte!
1 Scheibe Edamer mit 45% i. Tr.	6 Punkte
1 Becher Fruchtjoghurt mit 1,5% Fett	2 Punkte
	SUMME: 12 Frühstücks-Punkte

MITTAGESSEN	
1 Bratwurst - fein	31 Punkte
3-4 Kartoffeln	Keine Fettpunkte!
1 Eßlöffel Soße	6 Punkte
200 g Rotkohl	Keine Fettpunkte!
Dessert: Ananaskompott	Keine Fettpunkte!
	SUMME: 37 Mittagessen-Punkte

ABENDESSEN	
1 Portion Kartoffelsalat mit einem Eßlöffel „Kraft Joghurtsoße“ (andere Soßen je nach Bezeichnung in unserem Fettpunktekonto)	5 Punkte
2 Scheiben Vollkornbrot	Keine Fettpunkte!
1 Scheibe Salami, etwa 20 g	5 Punkte
40 g Pusztasalat	10 Punkte
2 Butterkekse	2 Punkte
	SUMME: 22 Abendessen-Punkte

Im Anhang steckt also eine Menge spannender Möglichkeiten, um satt abzunehmen. Und noch einmal sei darauf hingewiesen: Von Lebensmitteln, die kein oder nur spurenweise Fett enthalten, können Sie soviel essen, wie Sie wollen. Essen Sie sich an Obst, Gemüse, Reis, Nudeln, Brot oder Cornflakes mit Magermilch satt! Gönnen Sie sich einen kleinen Löffel Zucker im Kaffee. Genießen Sie mit Spaß, indem Sie lediglich den Fettgehalt in Ihrer Nahrung normalisieren! Mehr ist nicht nötig.

Die Tagesbilanz läge hier also bei 71 Punkten, knapp über den anvisierten 60 Fettpunkten pro Tag. Entweder man spart am nächsten Tag diese 11 Punkte wieder ein oder weicht auf weniger punktereiche Alternativen aus. Schon ein Putenschnitzel (ein großes von 300g) anstelle der Bratwurst hätte das Ergebnis um mehr als 20 Punkte gesenkt! Selbst dann, wenn Sie es mit Butter gebraten hätten. Dieser Tag hätte dann mit nur knapp 50 Punkten zu B(a)uche geschlagen. Sie wären also ganze 10 Punkte unter dem Richtwert geblieben oder hätten die entsprechenden Punkte noch in ein Frühstücksei oder zehn After-Eight-Pralinen investieren können. Sie haben die Wahl!

Die Start-Tabelle - ein Beispiel

Montag	Dienstag	Mittwoch	Donnerstag	Freitag	Samstag	Sonntag
50	63	58	82	51	30	90

Gesamtpunktzahl: 424 : 7 = 60,57 = 61 Fettpunkte

Die Start-Tabelle - Ihr aktuelles Fettpunkteprofil:

Montag	Dienstag	Mittwoch	Donnerstag	Freitag	Samstag	Sonntag

Gesamtpunktzahl: : 7 = = Fettpunkte

Ihr Fettpunktekonto – die aktuelle Startbilanz

Soweit zur Theorie. Und die Praxis? Machen Sie die Probe aufs Exempel, und ermitteln Sie zunächst einmal Ihr aktuelles Punkteprofil. Sie gewöhnen sich so zum einen an den Umgang mit der Tabelle und ermitteln zudem genau, wo Sie im Moment stehen.

Hier also Ihr Selbsttest: Essen Sie eine Woche lang genauso wie immer. Tragen Sie alles konsequent in die hier abgedruckte Start-Tabelle ein – lassen Sie sich nicht abschrecken und mogeln Sie möglichst nicht allzusehr. Selbst wenn richtig viele Punkte zusammenkommen: Es kann ja nur besser werden! Seien Sie also optimistisch. Am Ende dieser 7-Tage-Woche zählen Sie alle Punkte zusammen und teilen Sie durch sieben. Auf diese Weise erhalten Sie Ihren momentanen Durchschnitts-Punktewert.

Wie schon im letzten Kapitel angekündigt, können Sie diese Punktzahl nun in Ihre persönliche Startpyramide (siehe Seite 34) eintragen. Zeichnen Sie einfach die durchschnittliche Punktzahl – ausgehend von der Mittellinie mit einem Lineal in die angedeutete Pyramide ein. Bei 80 Fettpunkten würden Sie dann rechts und links der Mittellinie jeweils vier Einheiten (bei 40) eintragen sein. Dann vervollständigen Sie Ihre Pyramide, indem Sie die fünf Punkte von Basis (2), den Enden Ihrer Linie (2) und der Spitze (1) miteinander verbinden. Fertig! Sollte Ihre persönliche Startpyramide allzu bauchig geraten und in den Spitzengruppen „Fett“ und „Eiweiß“ deutlich zu breit ausgefallen sein, wissen Sie ja mittlerweile, was zu tun ist.

Die optimale Ernährungspyramide: wenig Fett aus Süßigkeiten, Butter & Co., dafür mehr Eiweiß, viel Obst und Gemüse und am meisten Getreide.

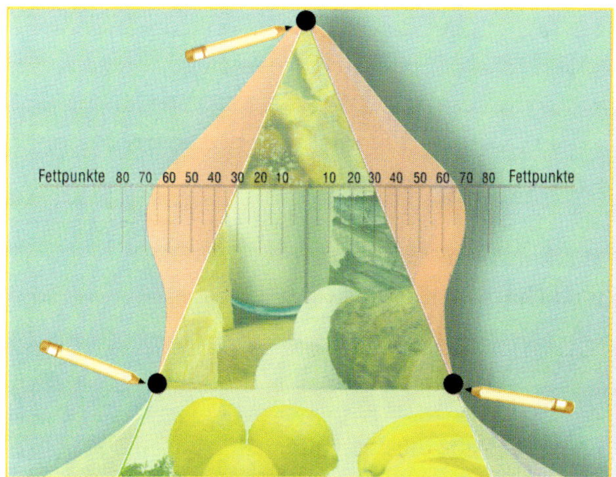

Und wie sieht Ihre persönliche Startpyramide aus?

Den Fettkonsum normalisieren – kann man damit wirklich abnehmen?

Ja, man kann! Übergewichtige Menschen nehmen pro Tag so viele Fettkalorien zu sich, daß alleine die Normalisierung eben dieses Nährstoffes ausreicht, um auf Dauer abnehmen und das Gewicht dann auch halten zu können. Es geht aber nicht darum, diese „Fettnormalisierung" drei oder vier Monate mit Schwung und Elan durchzuführen und an Gewicht zu verlieren, um dann wieder genauso zu essen, wie vorher. Dies wäre der falsche Ansatz und nichts anderes als eine Mogelpackung, eine wirkungslose Diät auf Umwegen.

Wer sich entschließt, sein Gewicht in den Griff zu bekommen und seinen Fettkonsum auf durchschnittlich 60 Punkte pro Tag zu normalisieren, der sollte dies auf Dauer tun, um sein Gewicht auch langfristig zu halten. Und noch einmal sei es gesagt: Es wird Ihnen Spaß machen!

Den Fettkonsum normalisieren – Tips für unterwegs

Wer viel auf Achse ist und regelmäßig auswärts ißt, der wird mit der Fettpunktetabelle der einzelnen Lebensmittel im Anhang relativ wenig anfangen können. Wer versucht, einen Hamburger gezielt in seine Bestandteile zu zerlegen, um die möglichst exakte Fettpunktezahl eintragen zu können, wird nur die skeptischen Blicke seiner Tischnachbarn ernten. Außerdem wäre der Hamburger danach völlig kalt und würde wahrscheinlich ohnehin nicht mehr schmecken. Wer dennoch wissen will, was ihn auswärts erwartet: Auf insgesamt zwei Seiten erhalten Sie Punkte-Infos über die wichtigsten Restaurant-Gerichte, vom Schinken-Käse-Croissant (19 Punkte) über den Hamburger Royal (29 Punkte) bis hin zu Tortellini mit Fleischfüllung (21 Punkte). Sie können also beruhigt mit den Kollegen Essen gehen und auch im Restaurant punktgerecht auswählen, ohne hungern zu müssen.

5. Satt abnehmen – kein Problem

Zugegeben, wir wagen uns mit der Überschrift für dieses Kapitel ziemlich weit vor, aber es stimmt wirklich. Auf welche Lebensmittel Sie getrost und punktgerecht zurückgreifen können, wissen Sie ja bereits. Es liegt nun an Ihnen, wie Sie Ihren Alltag gestalten möchten – mit wie vielen Mahlzeiten und mit welchen Nahrungsmitteln.

Sie haben also die Qual der Wahl. Aus diesem Grund stellen wir Ihnen in diesem Buch auch einige Rezepte vor, als Beispiel dafür, wie Sie mit ein wenig Phantasie und ganz wenig Mühe (fast) jedes Gericht fettnormalisiert zubereiten können. Denn für viele stellt sich die Frage, wie man mit wenig zusätzlichem Fett dennoch schmackhafte Speisen zubereiten kann. Denn was nützt das magerste Putenschnitzel, wenn es mit einer schweren Soße auf den Tisch kommt, die vor Fett nur so trieft?

Gehen Sie deshalb schrittweise vor, bis Ihnen unsere Tips und Vorschläge in Fleisch und Blut übergegangen sind. Und los geht's.

Trick 1:
Gut geplant ist halb(fett) gewonnen!

Denken Sie beim Einkaufen wie bisher ein bis zwei Tage bzw. Mahlzeiten voraus: Was gibt's heute mittag bzw. heute abend, was morgen mittag usw.? Im Unterschied zu früher müssen Sie jetzt allerdings auf eine Lebensmittelzusammenstellung achten, die im „grünen Bereich" liegt. Es ist also nicht sinnvoll, eine eher fettreiche Mahlzeit als Mittagessen einzuplanen, um dann abends nochmals mit einem Löffel Mayonnaise das Salamibrötchen „zu beschweren". Natürlich ist auch das ab und an möglich, dann heißt es aber an den folgenden Tagen: sparsam sein! Überschlagen Sie also grob die Fettpunkte für jeden Tag, bevor Sie einkaufen oder Tiefgekühltes auftauen. Stellen Sie Ihren Speiseplan für die folgenden 1-2 Tage schriftlich zusammen, um den Überblick zu behalten. Aber denken Sie immer daran: Ohne Lust wird jeder Plan zum Frust. Verleiden Sie sich nicht selbst den Spaß, indem Sie zu reglementiert vorgehen.

Trick 2:
Richtig einkaufen und richtig Punkte sparen!

Wenn Sie nicht dazu gekommen sind, eine punktegerechte Einkaufsliste zusammenzustellen, hier ein paar einfache Tips, wie Sie dennoch fettnormal einkaufen können:

- Meiden Sie Wurstsorten, die „durch den Wolf" gedreht wurden, also Fleischwurst, Leberwurst, Mettwurst, Salami, Gelbwurst etc., denn die enthalten besonders viel Fett. Wenn Sie richtig Heißhunger auf solche Wurstsorten haben, greifen Sie zu Light-Produkten wie beispielsweise „Du darfst". Am besten ist jedoch Aufschnitt vom Stück mit möglichst wenig sichtbarem Fett, wie Kasseler oder Putenbrust.

WURSTSORTE	FETTGEHALT
Fleischwurst	25 %
Leberwurst	25 %
Mettwurst	20 %
Pastete	30 %
Rotwurst	30 %
Salami	35 %
Schinken, gekocht	5 %
Teewurst	35 %

• Verzichten Sie auf Fleisch, das viel sichtbares Fett enthält. Besser sind magere Sorten, denen lediglich ein Fettrand die nötige Würze gibt. Nach der Zubereitung können Sie diesen Rand einfach abschneiden. Der Geschmack bleibt, das Fett wandert an den Tellerrand.

• Milch- und Milchprodukte schmecken auch in der fettreduzierten Version - 1,5% sind mehr als genug, ob nun im Joghurt oder in der Milch. Auch beim Käse können Sie sparen. Mittlerweile bieten einige Hersteller auch hier Light-Versionen an. Aber es gibt Mogelpackungen: Weniger Inhalt oder mehr eingeschäumte Luft machen ein Produkt nicht „lighter", es wird nur im Gewicht leichter und damit im Verhältnis teurer. Ein Blick auf den Fettgehalt, den das Etikett ausweist, sorgt hier schnell für Klarheit. Denn auch mit mehr Luft bleibt die Fettmenge pro 100 Gramm die gleiche - nur das Volumen ist eben größer. Ob Süßstoff anstelle von Zucker verwendet wurde, ist uninteressant – weniger Kalorien bei gleichem Fettgehalt sind für eine fettnormalisierte Ernährung nicht von Belang.

• Bei Säften, Limos und anderen Getränken sollte man auf die Etiketteninformation „ohne Zuckerzusatz" bzw. „mit Süßstoff" achten. Die Kohlenhydrate als solche (und das ist Zucker ja in Reinform) sind zwar nicht das Problem, befinden sich in den genannten Getränken aber in einer unverhältnismäßig hohen Konzentration. Und da die Flüssigkeit durch den Körper rauscht, die Kohlenhydrate aber bleiben, ist es sinnvoll, auf zuckerfreie Produkte zurückzugreifen. Hier ist „light" im Gegensatz zu anderen Produkten übrigens völlig O.K., da der (nun fehlende) Zucker der einzige Kalorienträger war und keinerlei Fett durch die „Light-Hintertür" in den Körper eingeschleust wird.

• Nüsse und Avocados enthalten jede Menge Fettkalorien, die nicht auf der Verpackung verzeichnet sind.

Bei Fertigprodukten, beispielsweise Müslimischungen, lohnt sich der Blick auf den Fettgehalt fast immer. Bis zu 10 Gramm Fett pro 100 Gramm Müsli sind durchaus (meistens durch Nüsse) möglich. Mittlerweile haben viele Hersteller aber auch hier umgedacht. Eine leckere Alternative: „Just right", das mit drei Gramm Fett pro 100 Gramm Müsli auskommt. Mal abgesehen von Müsli ist in den meisten Fertiggerichten jede Menge Fett enthalten, denn Fett ist nun einmal ein wichtiger Geschmacksträger und Dosen- bzw. Tütenfutter soll doch vor allem schmecken.

Trick 3: Ente, Gans und Hähnchen – ohne Haut geht's auch!

Wer ißt sie nicht gerne: eine knusprige Ente, ein gegrilltes Hähnchen oder an Festtagen auch mal eine Gans. Unglaublich lecker, aber auch unglaublich fettig. Dennoch braucht sich niemand diesen Genuß verdrießen zu lassen! Doch in welcher Diät würde man Ihnen das zugestehen?

Glücklicherweise findet sich das meiste Fett direkt unter der Haut des Geflügels. Die Tiere nutzen diese Fettschicht auch als Schutzpanzer gegen Kälte. Man sollte die Haut also nach Möglichkeit nicht mitessen. Und noch etwas spielt eine wichtige Rolle: Nicht alle Fleischstücke von Ente, Gans oder Hähnchen sind gleich fettarm bzw. fettreich. So bringt es eine kleine Hähnchenkeule auf bis zu 15 Fettpunkte, die gleiche Menge Brustfilet aber nur auf etwas mehr als drei Punkte. Es gilt also, nicht nur das richtige Lebensmittel auszuwählen, sondern auch das richtige Stück davon.

Trick 4: Ente, Gans und Hähnchen – mit Haut geht's auch!

Vielleicht werden Sie jetzt sagen: „Ein Hähnchen ohne Haut, das schmeckt ja völlig fade." Sie haben ja nicht ganz unrecht. An einer knusprig gebratenen Hähnchenhaut hängt schon eine Menge Geschmack. Und wer partout nicht darauf verzichten möchte, hier unser Tip: Stechen Sie vor dem Grillen oder Braten mit einem Zahnstocher Löcher in die Haut. Wiederholen sie diese Prozedur mehrmals während der Zubereitung. Das Fett läuft durch die Hitze aus und kann durch die Öffnungen in der Haut abtropfen. Der Geschmack bleibt, ein Großteil des Fettes geht. Allerdings nur dann, wenn Sie das Fett auch abgießen und nicht in einer Soße verwenden.

Trick 5: Das richtige Garen hilft beim Punktesparen!

Natürlich ist jeder Hobbykoch geneigt, auch beim Garen noch mal ordentlich „gute" Butter hinzuzugeben, um den Geschmack zu verstärken. Die Alternative heißt: Scharf anbraten, bei Geflügel die Haut durchlöchern, und dann über einem Locheinsatz fertig zubereiten. Spezielle Einsätze mit Glasabdeckungen gibt es von vielen Herstellern. Der Vorteil: Das Fett kann hier besonders gut abtropfen und fließt in den darunter brodelnden Sud. Und auf den kommt es an: Sie können nämlich mit Gewürzen, Öl, Knoblauch und Kräutern einen wunderbar aromatischen Sud zubereiten, der seinen Geschmack auf das darüber liegende Fleisch überträgt. Nicht nur Fleisch, und Geflügel, auch Fisch schmeckt hervorragend, wenn man ihn auf diese Weise zubereitet, wenngleich es bei den meisten Fischsorten nicht auf das Fett ankommt.

Trick 6: Mit Fisch in der Folie den Punkten an den Kragen!

Häufig versuchen wir mit zusätzlichem Fett, den Eigengeschmack eines Lebensmittels zu verstärken, weil es durch eine nicht optimale Zubereitung zuviel davon einbüßt. Die Alternative: Fisch in der Folie, gemeinsam mit Gewürzen, Knoblauch, Zitrone und was Sie sonst noch mögen, in den Backofen. Der Geschmack bleibt im Fisch, und mit nur einigen wenigen Tropfen zerlassener Butter – und selbst die sind nicht unbedingt notwendig – vorm Servieren haben Sie eine schmackhafte und punktegerechte Mahlzeit gezaubert. Und was für Fisch gilt, das gilt auch für Braten. Zunächst mit wenig oder gar keinem zusätzlichen Fett kroß anbraten und dann ab in die Folie.

Trick 7: Das richtige Geschirr = weniger Fett!

Bislang haben wir eine Aufgabe des Fettes unterschlagen: seine Funktion als Antihaftmittel. Fett in der Pfanne sorgt dafür, daß nichts anbackt. Fleisch oder Fisch schwimmen regelrecht auf dem brutzelnden Fett. Seitdem aber Teflonpfannen und -töpfe bzw. artverwandte Produkte auf dem Markt sind, ist Fett als Antihaftmittel überflüssig. Man kann in solchen Pfannen sogar ein Putenschnitzel oder ein Spiegelei gänzlich ohne Fett zubereiten – nur wer will das? Ein paar Tropfen Fett oder Öl sind immer erlaubt, um den Geschmack deutlicher hervorzuheben. Dank Teflon brauchen Sie aber wirklich nur ein paar Tropfen.

Es kommt auch entscheidend darauf an, welches Fett Sie verwenden. Bei den hohen Temperaturen des Bratens büßt beispielsweise Butter schnell ihren Geschmack ein und wird braun – sie verbrennt. Am besten geeignet sind hier spezielle Bratfette und -öle, die man auch bei hohen Temperaturen gut einsetzen kann.

Trick 8: Weg mit dem Soßenfett!

Soßen sind die Krönung einer jeden Mahlzeit, ob zu Fleisch, Kartoffeln oder Pasta. Und jeder Hobbykoch weiß genau, aus was die meisten Soßen bestehen: Fett. Und wenn nicht schon genügend Fett aus Braten oder Gans herausgelaufen ist, mit ein wenig Sahne rundet man wirklich jede Soße geschmacklich ab. Es heißt also auch hier wieder: Tricksen und Geschmack erhalten.

Bei kalten Soßen ist die Sache völlig unproblematisch: Bereiten Sie Ihre Soße genauso zu wie immer, dann stellen Sie sie in den Kühlschrank und warten einige Stunden. Der Fettanteil schwimmt dann obenauf und wird fest. Sie können ihn einfach mit einem Löffel abschöpfen. Das Fett ist raus, der Geschmack bleibt drin.

Bei heißen Soßen, die nicht zu dickflüssig sind, kann man sich eines anderen Tricks bedienen: Filtern Sie die Soße durch einen Kaffeefilter aus Papier oder ein Stück Küchenrolle. Das Fett bleibt im Filter zurück, den Rest können Sie punktegerecht servieren. Mit einem Fettspar-Kännchen können Sie Fett und Soße auch ohne Hantieren mit Filterpapier trennen: Der Hals setzt praktisch am Boden der Kanne an, so daß beim Abgießen nur der „schwerere" Anteil, also die Soße, ausgegossen wird, und das Fett in der Kanne bleibt.

Insgesamt haben Sie bis hierher acht Tricks kennengelernt, die Sie von der Planung übers Einkaufen bis hin zur Zubereitung dabei unterstützen, schmackhaft zu kochen und gleichzeitig mit deutlich weniger Fett auszukommen.

Natürlich darf es zu Weihnachten, Ostern oder anderen Festen auch mal „etwas mehr" sein. Entscheidend ist, wie Sie Ihre Wochenbilanz führen. Sie haben es in der Hand. Sie müssen bei festlichen Gelegenheiten wirklich nicht „nein" sagen. Einmal ist keinmal, vorausgesetzt, Sie wenden diese Regel nicht bei jeder Mahlzeit an und gleichen das „einmal" von gestern, heute oder morgen wieder aus. Genießen Sie Ihr Essen!

6. Weg mit dem Fett – durch weniger Fett

Nach soviel Theorie gilt es nun, den Beweis anzutreten, daß eine fettnormalisierte Ernährung wirklich schmeckt und damit eine Alternative auf Dauer darstellt. Wer schlank und gesund sein will, muß nicht leiden. Überlassen Sie das Hungern den Models dieser Welt – Sie nehmen satt ab und halten Ihre Figur mit Genuß.

Und da aller guten Dinge nun einmal drei sind, haben wir für Sie drei Rezepte ausgewählt, die es geschmacklich in sich haben, aber punktegerecht keine Wochen- oder Tagesbilanz aus dem Gleichgewicht bringen.

Tiramisu

Eine Süßspeise, in der es vor Fettpunkten normalerweise nur so wimmelt. Ein rascher Blick in die Lebensmitteltabelle des Fettkontos im Anhang beweist es: Nur 75 Gramm Tiramisu (fertiges Dessert) bringen es auf stolze 13 Punkte. Also knapp ein Viertel des täglichen „grünen Bereiches". Ein paar Löffel nur und weg sind die 75 Gramm. Ein kurzes, punkte-intensives Vergnügen! Es geht aber auch anders! Allerdings sei einschränkend gesagt, daß es dann mit dem schnellen Griff ins Kühlregal des Supermarktes nicht getan ist. Ein fettnormalisiertes Tiramisu gibt's bislang noch nicht als Fertigdessert - leider! Doch die frische Zubereitung dauert nicht mehr als 15 Minuten.

Für zwei bis vier Personen (je nachdem, ob als alleinige Mahlzeit oder als Dessert gedacht) benötigen Sie die folgenden Zutaten:

ZUTATEN	FETTPUNKTE
2 Eiweiß – steifgeschlagen	Keine Fettpunkte! (ein Eiweiß hat weniger als 1g Fett)
4 Blatt weiße Gelatine	Keine Fettpunkte!
1/4 l (250 ml) fettarme Milch mit 1,5% Fett	250 : 100 = 2,5 – also die 2,5 fache Menge Fett, die in 100 g Milch enthalten ist. 2,5 x 1,5% = 3,75 g Fett, aufgerundet: 4 Fettpunkte
40 g Zucker oder alternativ Süßstoff	Keine Fettpunkte!
Mark einer Vanilleschote	Keine Fettpunkte!
1 Päckchen Vanillepudding-Pulver light	8 Fettpunkte
100 g Quark – Magerstufe, 10% Fett i.Tr.	2 Fettpunkte
150 g Joghurt – fettarm, 1,5% Fett	2 Fettpunkte
200 g Löffelbiskuits	3 Fettpunkte
1/2 Tasse starker Kaffee	Keine Fettpunkte!
1 Eßlöffel Kakaopulver	1 Fettpunkt
	SUMME: 20 Fettpunkte
als Dessert für 4 Personen	5 Fettpunkte / Pers.
als Hauptgericht für 2 Personen	10 Fettpunkte / Pers.

Tiramisu – die Zubereitung

Eiweiß steif schlagen und beiseite stellen. Gelatine in kaltem Wasser einweichen.

Von der Milch 5 EL abnehmen und beiseite stellen. Restliche Milch zum Kochen bringen. Gelatine ausdrücken und in die heiße Milch geben.

Tiramisu – es geht auch mit weniger Fett!

Die Milch mit Zucker oder Süßstoff süßen und das Vanillemark dazugeben. Vanillepudding-Pulver in der kalten Milch glattrühren und unter ständigem Rühren zu der Vanillemilch geben. Die Masse aufkochen lassen, vom Herd nehmen und das steifgeschlagene Eiweiß vorsichtig darunterheben. Quark und Joghurt in einem Schlagkessel verrühren und die Milchmasse locker darunterrühren.

Eine rechteckige Form mit Löffelbiskuits auslegen und mit Kaffee tränken. Die Hälfte der Milchmasse einfüllen, eine Schicht Löffelbiskuits darauf legen, tränken und die restliche Masse darauf verteilen.

Mit dem Teigschaber glattstreichen und das Ganze im Kühlschrank 2 bis 3 Stunden (am besten über Nacht) kaltstellen.

Vor dem Servieren aus der Form lösen. Mit Kakao bestäuben, portionieren und anrichten. Nach Geschmack mit wenig Kaffee umgießen und mit einigen Früchten garnieren. Fertig!

Auch „Leckermäulchen" müssen also auf ihren süßen Genuß nicht verzichten. Und mit nur 10 Fettpunkten für eine solch leckere Zwischen- oder Hauptmahlzeit kann man mehr als zufrieden sein.

Und wie sieht es mit herzhaften Gerichten aus? Auch hier haben wir etwas für Sie zu bieten.

Magere Hähnchenbrust schmeichelt Ihrem Fettkonto und schmeckt.

Hähnchenbrust mit süßsaurem Gemüse

Hier kommt es darauf an, ein besonders mageres Stück vom Hähnchen auszuwählen. Wieder hilft der Blick in die Lebensmitteltabelle: 90 Gramm Hähnchenbrustfilet weisen lediglich einen Fettpunkt auf. Es ist also ideal für das folgende Rezept geeignet. Für 2 Personen benötigen sie die folgenden Zutaten:

ZUTATEN	FETTPUNKTE
80 g Petersilienwurzeln	Keine Fettpunkte!
80 g Frühlingszwiebeln oder Lauch	Keine Fettpunkte!
80 g Fenchel	Keine Fettpunkte!
80 g Möhren	Keine Fettpunkte!
1 kleiner Apfel	Keine Fettpunkte!
1/8 l Apfelsaft (125 ml)	Keine Fettpunkte!
360 g Hähnchenbrustfilet ohne Haut	4 Fettpunkte
1 TL Rapsöl	5 Fettpunkte
Pfeffer aus der Mühle	Keine Fettpunkte!
Jodsalz	Keine Fettpunkte!
1/2 TL grüne Pfefferkörner (gefriergetrocknet)	Keine Fettpunkte!
Pfeffer aus der Mühle	Keine Fettpunkte!
1 TL Honig	Keine Fettpunkte!
50 ml Orangensaft	Keine Fettpunkte!
wenig frischer Ingwer oder Ingwerpulver	Keine Fettpunkte!
Currypulver	Keine Fettpunkte!
1 Schuß Obstessig	Keine Fettpunkte!
	SUMME: **9 Fettpunkte**
als Hauptgericht für 2 Personen	(aufgerundet) 5 Fettpunkte/ Pers.

Als Beilage bietet sich Reis an. Richtig zubereitet (also ohne zerlassene Butter) belastet er nicht Ihr Fettpunktekonto. Und selbst wenn: Ein zusätzlicher Löffel Butter über den Reis bedeutet pro Person nur etwa zwei bis drei Punkte mehr. Für ein Mittagessen sind sieben Punkte völlig in Ordnung.

Hähnchenbrust mit süßsaurem Gemüse – die Zubereitung

Das Gemüse je nach Art putzen, waschen, schälen und in kleine, dünne Scheiben schneiden. Den Apfel schälen, entkernen, vierteln und feinblättrig schneiden.

Eine Pfanne erhitzen und darin das Gemüse und den Apfel mit dem Apfelsaft etwa sechs bis acht Minuten bißfest dünsten.

Inzwischen das Hähnchenbrustfilet in Streifen schneiden. Eine beschichtete Pfanne mit dem Rapsöl erhitzen und das Geflügelfleisch darin rasch von allen Seiten anbraten. Mit Pfeffer aus der Mühle und mit Jodsalz würzen.

Das Gemüse mit grünen Pfefferkörnern, Ingwer und Currypulver würzen. Den Honig und etwas Orangensaft dazugeben und kurze Zeit reduzieren lassen. Zum Schluß die gebratenen Hähnchenbruststreifen dazu geben und das Gericht mit Obstessig, Jodsalz und Pfeffer aus der Mühle süßsauer abschmecken. Fertig!

Bei diesem Rezept kommen Sie mit etwas mehr als 20 Minuten in der Küche aus. Pro Person erzielt dieses Gericht gerade mal 5-7 Fettpunkte, das kann sich wirklich sehen und „schmecken" lassen. Guten Appetit!

Alternativ können Sie dieses Gericht natürlich auch mit Putenbrust- (genauso viele Fettpunkte wie Hähnchenbrust) oder mageren Rinderfiletstreifen (mehr Fettpunkte) zubereiten.

Lachsforelle in Wirsing mit Zucchini-Nudeln

Für alle „Fisch-Fans": Auch Fisch kann man mit weniger Fett lecker zubereiten. Es kommt auch hier allein auf das „wie" und die richtige Auswahl an. Viele Fischsorten eignen sich hervorragend für die fettnormalisierte Küche. Wegen des zu hohen Fettgehalts sollte man allerdings auf Aal, Lachs, Makrele, Brathering, Matjeshering, Dornhai, Schillerlocken oder Sardinen verzichten. Wer am nächsten Tag keine Fettpunkte „sparen" möchte, sollte andere Fischsorten verwenden. Für zwei Personen benötigen Sie folgende Zutaten:

ZUTATEN	FETTPUNKTE
6 Wirsingblätter	Keine Fettpunkte!
Jodsalz	Keine Fettpunkte!
1 Tomate	Keine Fettpunkte!
120 g Eiernudeln	6 Fettpunkte
50 g Möhren	Keine Fettpunkte!
50 g Sellerie	Keine Fettpunkte!
50 g Lauch	Keine Fettpunkte!
300 g Lachsforellenfilet	10 Fettpunkte
Pfeffer - aus der Mühle	Keine Fettpunkte!
2 Zweige frischer Dill	Keine Fettpunkte!
1/8 Liter (125 ml) Gemüsebrühe, fettfrei	Keine Fettpunkte!
1 Zucchini	Keine Fettpunkte!
1 TL Rapsöl	5 Fettpunkte
etwas Safran	Keine Fettpunkte!
60 g geschälte Tomaten in Stücken (Fertigprodukt)	Keine Fettpunkte!
frische Kräuter (Dill, Schnittlauch, Petersilie)	Keine Fettpunkte!
	SUMME: 21 Fettpunkte
als Hauptgericht für 2 Personen	(aufgerundet) 11 Fettpunkte/ Pers.

Lachsforelle in Wirsing mit Zuchini-Nudeln – die Zubereitung

Backofen auf 160 bis 170 °C vorheizen. Die Wirsingblätter putzen, waschen und die Strünke herausschneiden. In kochendem Salzwasser kurz blanchieren und mit kaltem Wasser abschrecken. Die Tomate kreuzweise einschneiden, kurz brühen, häuten, entkernen und das Fruchtfleisch in Streifen schneiden.

Die Eiernudeln nach Packungsanleitung in Salzwasser bißfest garen, in ein Sieb abschütten und ebenfalls kalt abschrecken. In der Zwischenzeit Möhren und Sellerie schälen und ebenso wie den Lauch in feine Streifen schneiden.

Die Lachsforellenfilets unter kaltem Wasser abbrausen, mit Küchenkrepp trockentupfen und in vier gleiche Teile schneiden. Jeweils drei Wirsingblätter flach aufeinanderlegen, ein Stück Lachsforelle darauf legen und mit Pfeffer aus der Mühle und Jodsalz würzen. Die vorbereiteten Gemüse- und Tomatenstreifen darauf verteilen.

Die fettarme Lachsforelle ist lecker und leicht.

Mit Pfeffer aus der Mühle würzen, Dillzweige und jeweils ein zweites Lachsforellenstück darauf legen, salzen, pfeffern. Das Ganze in die Wirsingblätter einschlagen. Vorsichtig in eine kleine Auflaufform legen, mit der Gemüsebrühe angießen und im Backofen etwa 25 Minuten garen.

In der Zwischenzeit Zucchini waschen und in feine Streifen schneiden. Rapsöl in einer Pfanne erhitzen, Zucchinistreifen zugeben und leicht dünsten. Zum Schluß die gekochten Nudeln zu den Zucchinistreifen geben, mit Safran, Jodsalz und Pfeffer abschmecken.

Die Tomatenstückchen zusammen mit Pfeffer, Jodsalz und den Kräutern in einem kleinen Topf aufkochen lassen und abschmecken.

Die Wirsingpäckchen aus dem Backofen nehmen, quer durchschneiden und auf zwei Tellern anrichten. Die Zucchini-Nudeln dazugeben und beides mit der Tomatensoße umgießen. Fertig!

Mutters Küche bleibt Mutters Küche

Es hat sich in den letzten Jahren gezeigt, daß viele Ernährungsprogramme unter anderem deshalb zum Scheitern verurteilt waren, weil ein striktes Kochen nach Rezept weder bei den Damen und Herren der Küche noch bei der bekochten Familie gut ankam. Spätestens nach ein paar Wochen ist es in der Regel vorbei mit dem Verständnis für Mamas oder Papas Diät-Spleen. Es folgen Drohungen, in Zukunft alle Zeitschriften, in denen irgendwelche Diäten vorgestellt werden, in den Müll zu werfen oder das Abo zu kündigen und fortan ins nächste Restaurant zu flüchten, wenn nicht endlich wieder alles „so wie früher" werde. Eine leidvolle Erfahrung, an der auch noch soviel Mühe bei der Zubereitung nicht vorbeiführt.

Man kann sich eben nicht auf Dauer ohne Spaß ernähren, ohne einen ernsten Familienkrach zu riskieren. Auch Trennkost stellt auf Dauer keine tragfähige Alternative dar. Anhand der drei beispielhaften Rezepte, die wir für Sie ausgewählt haben, können Sie demgegenüber deutlich erkennen, daß man bei unserer fettnormalisierten Kost auf nichts verzichten muß und daß aus Theorie mit etwas Phantasie ganz schnell leckere Praxis werden kann.

Behalten Sie Ihre gewohnte Küche unbedingt so weit wie möglich bei, um weder Ihren eigenen noch den Gaumen Ihrer Familie umstellen zu müssen. Sie werden sehen: Sie können ohne allzu große Änderung Ihrer Kochgewohnheiten das gewünschte Ziel erreichen: gut essen, Gewicht verlieren – und das auch noch halten!

7. Weg mit dem Fett – auf Rezept

Bisher haben wir uns ja vor allem mit den Möglichkeiten befaßt, die jeder selbst direkt und ohne ärztliche Hilfe in der Hand hat, um gesund abzunehmen. Aber es gibt noch weitere Methoden, mit denen man überschüssiges Körperfett schneller reduzieren kann: mit Medikamenten.

Weg mit dem Fett – Abnehmpillen gibt es viele

Jeder kennt die Werbung in allen möglichen (und unmöglichen) Zeitschriften und Zeitungen für solche Präparate, mit denen der schnelle Abnehmerfolg versprochen wird. Entweder als „Turbo-Tablette", um das Fett regelrecht „verdampfen" oder „verdauen" zu lassen oder als Quellstoffe für den Magen, um ein Sättigungsgefühl ohne Kalorienreue vorzugaukeln. Die Turbo-Tabletten halten in der Regel nicht das, was sie versprechen. Seien Sie vorsichtig, wenn allzu große Erfolge in Aussicht gestellt werden. Das einzige, was bei solchen Produkten stimmt, ist der Preis - Ihr Portemonnaie nimmt ab, Sie leider nicht. Also lassen Sie besser die Finger davon.

Appetitzügler – ja, aber...

Anders verhält es sich mit den Appetitzüglern. Diese Gruppe von Medikamenten hat in der Tat einen direkten und in seiner Wirkung nachgewiesenen Einfluß auf das Eßverhalten und damit auf die Gewichtsabnahme. Sie greifen in den Stoffwechsel des Gehirns ein und dämpfen dort das Hungergefühl merklich ab. Ein Wirkprinzip, das für die Dauer der Einnahme wirklich funktioniert. Man kann in der Tat auf diesem Weg einiges an Gewicht verlieren. Leider gibt es aber auch hier zwei entscheidende Nachteile zu beachten: Zum einen ist die Gewichtsabnahme nicht von Dauer, wenn die Präparate abgesetzt werden und sich nichts an der Ernährung geändert hat, dreht sich die Gewichtsspirale von neuem nach oben. Und zum anderen, und das ist viel wichtiger, weisen diese Wirkstoffe ausnahmslos Nebenwirkungen auf, die an ihrem Wirkungsort für unliebsame Probleme sorgen: im Gehirn nämlich. Es ist eine altbekannte Tatsache, daß durch solche Appetitzügler von Schwindelattacken über Kopfschmerzen, Unwohlsein, Schlafstörungen, Depressionen bis hin zu Aufgeregtheit oder Persönlichkeitsveränderungen alle möglichen neurologischen Veränderungen ausgelöst werden können. Auch Blutdruck und Herzfrequenz können ansteigen. Entweder im ganzen Körper oder nur im kleinen Kreislauf, also in den Gefäßen, die vom Herz zur Lunge führen. Gerade bei übergewichtigen Menschen, die ohnehin schon ein erhöhtes Risiko für Herz-Kreislauferkrankungen tragen, kann dies zu Problemen führen.

Noch erschreckender und keinesfalls zu unterschätzen: Bei längerer Anwendung, die übrigens auch von den Herstellern ausdrücklich nicht empfohlen wird, kann es insbesondere bei den älteren Wirkstoffen zur Gewöhnung und Abhängigkeit kommen. Bei den modernen Wirkstoffen ist damit in der Regel nicht mehr zu rechnen. Einige dieser Substanzen wirken ähnlich wie Präparate gegen Depressionen, indem sie vor allem die Aktivität der Botenstoffe Serotonin und Noradrenalin im Gehirn beeinflussen.

Unser Tip: Greifen Sie auf solche Präparate nur dann zurück, wenn es Ihnen Ihr Arzt ausdrücklich empfiehlt, eingebunden in ein Therapiekonzept, das eine Umstellung Ihrer Ernährungsgewohnheiten mit einbezieht. Der Arzt steht dafür ein, daß Nutzen und Risiko in einem akzeptablen Verhältnis zueinander stehen und kann mögliche Nebenwirkungen frühzeitig erkennen und darauf reagieren. Auch wenn viele dieser Präparate nach wie vor rezeptfrei zu erhalten sind, sollten Sie ohne die Konsultation Ihres Arztes die Finger davon lassen.

Weg mit dem Fett – ein neuer Fettblocker auf Rezept

Seit kurzem steht dem Arzt ein neues Medikament zur Verfügung, das speziell für solche Personen entwickelt wurde, die auf Grund ihres extrem hohen und damit krankhaften Gewichtes ein deutliches Gesundheitsrisiko zu tragen haben oder durch andere Erkrankungen zusätzlich gefährdet sind. In diesen Fällen kann der Arzt diese völlig neue medikamentöse Behandlung gegen die überschüssigen Pfunde verordnen. Nur auf Rezept und unter ärztlicher Aufsicht, wie bei jedem anderen verschreibungspflichtigen Medikament auch. Der Wirkstoff Orlistat entfaltet seine Wirkung im Darm und wird nur in verschwindend geringer Menge ins Blut aufgenommen. Er erfüllt damit eine der zentralen Forderungen von Experten und bleibt dort, wo er wirken soll: im Darm. Bislang sind keine Nebenwirkungen im Gehirn oder in irgendwelchen anderen inneren Organen bekannt geworden. Sie sind im übrigen auch nicht zu erwarten, da Orlistat nur lokal im Darm wirkt und so gut wie nicht vom Blut und damit auch nicht von anderen Organen aufgenommen wird.

In den Apotheken liegt dieses Medikament unter dem Namen Xenical® vor, kann aber, wie gesagt, ausschließlich auf Rezept und damit nur im Rahmen einer ärztlichen Behandlung bezogen werden.

Weg mit dem Fett – der Trick mit dem „biologischen Preßlufthammer"

Wie schon in Kapitel zwei kurz erwähnt, durchläuft das mit der Nahrung aufgenommene Fett immer die gleiche Prozedur im Körper. Es rutscht, fast unbehelligt, durch Mund und Magen und wird erst im Dünndarm verarbeitet. Zuerst stürzt sich der gelbgrüne Gallensaft auf die spärlich zerkleinerten Fettklumpen und reißt sie auseinander. Es bilden sich kleine Fetttröpfchen, die mit dem Nahrungsbrei weiter in den Dünndarm hinabtransportiert werden. Dennoch sind diese Fetttröpfchen immer noch viel zu groß, um durch die Darmwand und damit in den Körper zu gelangen - und genau dort sollen sie ja hin. Der Organismus bedient sich nunmehr eines „biologischen Preßlufthammers". Da die Fettmoleküle auch für sich alleine genommen immer noch nicht die Darmwand passieren können, werden sie in kleine, gut verdauliche Bruchstücke aufgespalten – mit dem Enzym Lipase, das in der Bauchspeicheldrüse gebildet und in den Zwölffingerdarm ausgeschieden wird.

Dem aufgenommenen Fett bleibt keine Chance. Bei einer ausreichenden Gallensäureproduktion in der Leber und einer normal arbeitenden Bauchspeicheldrüse wird nahezu das gesamte Fett aus dem Darminnenraum ins Blut transferiert. Nur dann, wenn eines oder gar beide Organe ihrer Aufgabe nicht nachkommen können, bleibt Fett im Darm zurück, das mit dem Stuhlgang ausgeschieden wird. Ein ziemlich intensiver Geruch und ein weicher, glänzender Stuhl sind ein deutliches Zeichen für eine solche Unterfunktion und damit eine krankhaft eingeschränkte Fettverdauung.

Weg mit dem Fett – der Trick der Natur mit Orlistat

An der Wirkungsweise des biologischen Preßlufthammers Lipase setzt das neue Medikamentenprinzip an. Da ohne dieses Enzym eine Fettverdauung nicht möglich ist, hat man den Fetthaushalt im Griff, wenn man die Lipase beeinflussen kann. Und das, ohne auf andere Organe, wie beispielsweise das Gehirn, wirken und die bereits beschriebenen Nebenwirkungen riskieren zu müssen. Der Innenraum des Darms befindet sich zwar „im Körper", für den Organismus aber ist dieser Bereich immer noch „außen", so etwas wie Niemandsland. Die Barriere nach innen, also in Richtung Lymph- und Blutbahn, ist die Darmwand. Was hier nicht durchkommt, existiert praktisch nicht.

Da die Lipase in diesem Niemandsland aktiv ist, stellt sie ein gutes Ziel dar, um die Fettaufnahme zu hemmen. Der Wirkstoff Orlistat paßt wie ein Schlüssel ins Schloß dieses Enzyms. Er dockt an und setzt einen Teil der im Darm aktiven Lipase außer Funktion. Die Bauchspeicheldrüse produziert zwar weiter, der Effekt ihres Produktes wird aber geschwächt. Nur die Funktion des Enzyms Lipase wird beeinflußt, nicht die Funktion der Bauchspeicheldrüse. Ein wichtiger Unterschied. Durch das neue Medikament kann etwa ein Drittel des mit der Nahrung aufgenommenen Fettes nicht aufgespalten werden. Es bleibt zu groß, kommt nicht durch die Darmwand und muß mithin wieder raus, noch bevor es überhaupt richtig drin war. Seine Kalorien nimmt es dabei mit, sie fallen dem Körper nicht zur Last und werden somit auch nicht zu neuen Fettdepots. Das neue Medikament ist also so etwas wie ein „Fettblocker". Es blockiert die Aufnahme des Nahrungsfettes aus dem Darm.

Der Wirkstoff Orlistat verläßt den Darm ebenfalls auf natürlichem Wege. Genauso, wie die von ihm inaktivierten Lipase-Enzyme. Ein wirkungsvolles und effektives Prinzip.

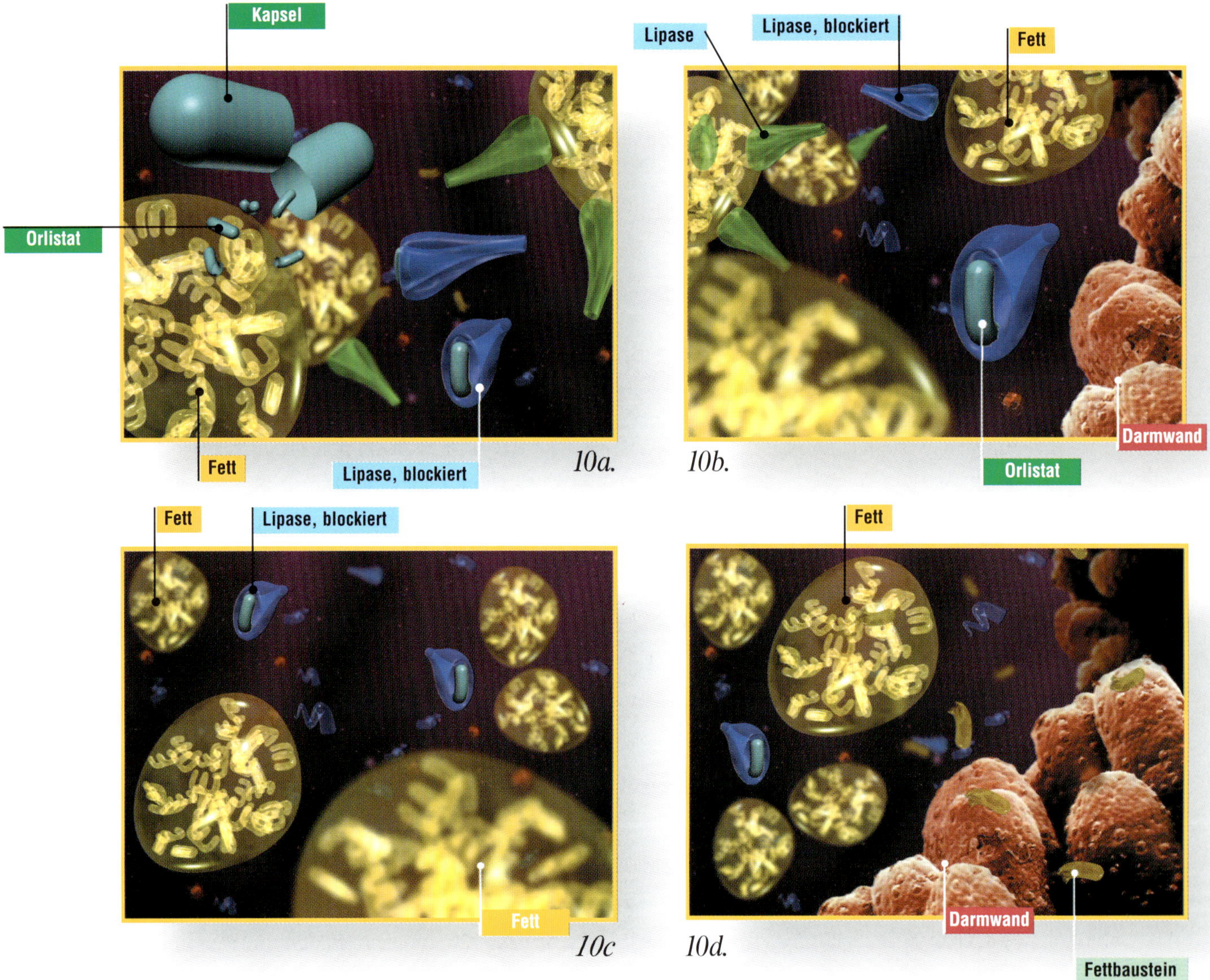

Der Wirkstoff Orlistat (türkis) inaktiviert etwa ein Drittel der Lipase-Enzyme (aktiv: grün bzw. inaktiv: blau), so daß weniger Fettpartikel (gelb) von dem Enzym zerlegt und von den Darmzellen (rot) aufgenommen werden können. Etwa 30% des Fettes bleiben unverdaut.

Keine Wirkung ohne Nebenwirkung – oder doch?

Eigentlich sind Nebenwirkungen ja als „unerwünschte Wirkung“ definiert. Bei Orlistat ist dies etwas anders. Die als solche aufgeführte (Neben-)Wirkung ist nichts anderes, als die eigentlich gewünschte Wirkung – nur eben etwas „zuviel“ davon. Überschreitet man die empfohlene Fettmenge von etwa 60 Gramm Fett, macht sich der ausgeschiedene Fettanteil unangenehm bemerkbar. Ab einer gewissen Fettmenge beeinflußt das nicht aufgenommene Fett den Stuhlgang: Er wird weich, Blähungen entstehen, manchmal auch Durchfall, oder es finden sich ölige Sprenkel in der Unterhose.

Besonders in den ersten beiden Wochen der Behandlung kommen diese Symptome vor, weil sich der Darm erst an die Wirkung des für ihn neuen Medikaments gewöhnen muß. Danach normalisiert sich der Stuhlgang wieder, bleibt aber immer etwas weicher als sonst. Viele Übergewichtige empfinden das sogar als Vorteil, weil sie häufig Probleme mit Verstopfung haben. Sollten allerdings im späteren Verlauf der Behandlung wieder Spuren in der Wäsche auftauchen, sind sie ein deutliches Zeichen dafür, daß die Fettmenge in der Nahrung weiter reduziert werden sollte – eine (Neben-)Wirkung mit positiver Signalwirkung also. Sobald der Fettgehalt wieder stimmt, verschwinden auch die Probleme mit dem Stuhlgang.

Keine Wirkung ohne gefährliche Nebenwirkungen – gibt es Hinweise?

Kaum ein Wirkstoff wurde in den letzten Jahren vor der Zulassung so intensiv überprüft, wie Orlistat. Da sehr viele Menschen unter massivem Übergewicht leiden, ist davon auszugehen, daß dieses Medikament auch sehr vielen Menschen verschrieben wird. Größtmögliche Sicherheit mußte oberstes Gebot sein, und die Zulassungsbehörden in den USA und Europa forderten detaillierte Studien über alle möglichen und auf den ersten Blick auch unmöglichen Nebenwirkungen ein. Es rückten dabei auch solche Erkrankungen ins Blickfeld der Experten, die eigentlich gar nicht durch diesen Wirkstoff ausgelöst werden können, weil er nur im Darm seine Wirkung entfaltet. Dennoch wurde nach möglichen Folgen – von Nierenerkrankungen, Gallensteinen bis hin zu Brustkrebs – umfassend geforscht. In der Tat wurde man in den USA unsicher und verschob dort die Zulassung, als einige Fälle von Brustkrebs auftauchten, die man sich zunächst nicht erklären konnte. So tragisch jeder dieser Fälle auch ist, ein Zusammenhang mit dem neuen Wirkstoff konnte nach erneuter intensiver Prüfung offensichtlich nicht gefunden werden. Aus diesem Grund erteilten die europäischen Behörden dem Wirkstoff Orlistat die Zulassung. Dies wäre nicht geschehen, wenn man ein Brustkrebsrisiko für möglich halten müßte. In den USA wurde während der Entstehung dieses Buches die Zulassungsfähigkeit des neuen Fettblockers von den Behörden bereits ausgesprochen. Bis zum Zeitpunkt der Einführung werden nochmals sämtliche

Daten eingehend geprüft, um auch dort jegliches Risiko auszuschließen.

Es ist also davon auszugehen, daß Orlistat ein Medikament mit nur ungefährlichen Nebenwirkungen (Durchfall, Blähungen, „Ölsprenkeln" in der Wäsche) ist. Wie bei allen neuen Präparaten aber fehlen bislang Langzeiterfahrungen über mehrere Jahre. Dies ist allerdings bei jedem Wirkstoff so und läßt sich nicht umgehen.

Wer soll mit diesem neuen Wirkstoff behandelt werden?

Orlistat wurde für diejenigen Personen entwickelt, die ernste gesundheitliche Folgen zu befürchten haben, wenn sie nicht auf Dauer ihr Gewicht reduzieren. Wenn Sie das zweite Kapitel gelesen haben, kennen Sie bereits die Langzeitfolgen, die deutliches Übergewicht haben kann. Da Übergewicht für sich alleine ab einem BMI von 30 als Gesundheitsrisiko betrachtet wird, hat man sich dazu entschieden, den Einsatz dieses neuen Medikaments ab einem BMI von 30 den Ärzten zu empfehlen. Zumindest dann, wenn keine anderen Gesundheitsrisiken wie Diabetes, ein erhöhter Cholesterinspiegel oder andere Probleme bestehen. Ist dies jedoch der Fall, kann und sollte Xenical® bereits bei einem niedrigeren BMI eingesetzt werden. Entscheiden muß dies immer der Arzt und auch hier – wie bei allen anderen Medikamenten – das Risiko gegen den Nutzen abwägen.

Wer sollte nicht behandelt werden?

Bislang sind nur wenige Gesundheitsstörungen bekannt, die den Einsatz dieser neuen Therapie verbieten: Nahrungsverwertungs-Störungen im Darm, Verschluß der Gallenwege und Überempfindlichkeit gegen Orlistat. Der Körper kann dabei ohnehin nur wenig Fett und mit ihm nur wenige der fettlöslichen Vitamine aufnehmen. Würde man auch noch Orlistat einsetzen, das ja in seiner Dosierung auf einen normalen Lipasehaushalt im Darm ausgelegt ist, käme praktisch gar kein Fett mehr im Körper an. Genau dies aber wäre auf Dauer lebensgefährlich, brauchen wir doch tagtäglich eine gewisse Menge Fett und mit ihm die wichtigen Vitamine A, E, D und K.

Außerdem sollten Frauen während der Stillzeit auf die Einnahme verzichten, weil nicht auszuschließen ist, daß Wirkstoffmoleküle über die Muttermilch auch den Säugling erreichen. Eine reine Vorsichtsmaßnahme, die bei fast jedem Medikament ausgesprochen wird und sehr sinnvoll ist – safety first.

Weniger Fett im Körper = weniger Vitamine im Körper?

Der Verdacht liegt nahe, hat sich aber nicht bestätigt. Eine um etwa ein Drittel reduzierte Fettaufnahme aus dem Darm beeinflußt die tägliche Versorgung mit den fettlöslichen Vitaminen nur geringfügig. Mangelzustände wurden nicht beobachtet, vorausgesetzt, die Ernährung enthält genügend Vitamine. Es empfiehlt sich dennoch, sowohl während der Behandlung mit Orlistat als auch danach, im Sinne der eigenen Gesundheit auf eine ausgewogene Versorgung mit Vitaminen und Spurenelementen besonders zu achten.

Am besten gehen Sie dabei nach der Ampel-Regel vor. Die Farben Rot, Gelb und Grün sollten dabei jeweils zweimal in Form von Obst, Gemüse oder Säften in Ihrem Speiseplan vorkommen. Also beispielsweise eine Orange (oder Orangensaft) für Gelb, eine Portion Brokkoli zum Mittagessen für Grün und einige frische Paprikastreifen zum Knabbern zwischendurch für Rot. Das Ganze jeweils zweimal. Natürlich können Sie auch Tomaten und Kirschen für Rot verzehren, Gurken und Kohl für Grün und so weiter. Selbstverständlich kann es auch nicht schaden, wenn Sie morgens ein „Low-fat-Müsli", das mit Vitaminen angereichert ist, essen und dazu einen Multivitaminsaft trinken.

Die Vorteile von Vitaminpräparaten liegen vor allem darin, daß sie häufig auch diejenigen Spurenelemente (Mineralien) enthalten, die seltener in der Nahrung vorkommen.

Aber Vorsicht: Gerade die fettlöslichen Vitamine können auch überdosiert werden. Wenn Sie also auf solche Präparate zurückgreifen möchten, fragen Sie wirklich Ihren Arzt oder Apotheker.

Wie schnell nimmt man mit diesem Medikament ab?

Grundsätzlich gilt auch hier: Zu schnell ist nicht gesund und nicht von Dauer! Wenn Sie Ihre Ernährung auf die empfohlenen 60 Gramm Fett am Tag normalisieren und zudem Xenical® einnehmen, können Sie pro Woche etwa ein Pfund verlieren. Ein bißchen mehr ist noch drin, wenn Sie sich zudem regelmäßig, also mehrmals pro Woche, etwa 30 Minuten bewegen und so Ihren Grundumsatz erhöhen.

Die realistisch zu erwartende Gewichtsabnahme liegt unter Berücksichtigung aller Möglichkeiten zwischen einem Pfund und (bei besonders gutem Anschlagen des therapeutischen Gesamtkonzeptes) einem Kilo pro Woche.

Ersetzt Orlistat eine fettnormalisierte Ernährung?

Wir können es gar nicht oft genug betonen: Die Basis für jedes gesunde Abnehmen, ob nun mit oder ohne medikamentöse Schützenhilfe, sind eine fettnormalisierte Ernährung und regelmäßige Bewegung. Daran ändert auch diese ärztlich zu verordnende Therapie nichts! Im Gegenteil: Wer seinen „Fett-Input" während der Behandlung nicht herunterschraubt, kann die durchschlagenden Nebenwirkungen des Medikaments zu spüren bekommen – als ein deutliches Signal, mit der eigenen Ernährungsweise noch einmal kritisch ins Gericht zu gehen.

Wer zahlt diese neue Therapie?

Obwohl massives Übergewicht seit langem als eigenständiger Risikofaktor anerkannt ist und in Kombination mit Diabetes, einem hohen Blutdruck oder Rauchen sogar auf Dauer lebensgefährlich werden kann, wird diese neue Behandlungsmethode mit dem Wirkstoff Orlistat bislang nur zum Teil von den gesetzlichen Krankenkassen übernommen. So traurig es ist, trotz klarer Therapienotwendigkeit müssen die meisten Betroffenen, wie bei vielen anderen Medikamenten auch, selbst in die Tasche greifen.

Abnehmen: mit oder ohne Medikamente?

Sicher werden Sie sich jetzt fragen, was denn nun für Sie der beste Weg zur Gewichtsabnahme ist: mit oder ohne Medikamente? Grundsätzlich gilt: Wer seine Probleme, seien es nun „gewichtige" oder andere, ohne die Hilfe von Präparaten lösen kann, sollte dies auch tun. Es alleine zu versuchen macht jedoch nur solange Sinn, wie Aussicht auf Erfolg besteht. Wer's nicht alleine schafft, seinen „Fett-Zeitzünder" (und nicht etwa nur zwei oder drei Kilos zuviel) zu entschärfen, der muß gemeinsam mit dem Arzt versuchen, mit einer Umstellung seiner Ernährung, etwas Sport und mit Medikamenten sein Gewicht und damit die Gesundheitsrisiken zu senken. Am besten natürlich mit solchen Substanzen, die besonders wenige unerwünschte Nebenwirkungen aufweisen. Zur Behandlung von krankhaftem Übergewicht oder anderen ungünstigen Risikokonstellationen scheint der Wirkstoff Orlistat derzeit am geeignetsten zu sein. Die Entscheidung darüber hat aber in jedem Fall der Arzt zu treffen. Alleingänge sind beim Einsatz von Medikamenten nie zu empfehlen.

8. Weg mit dem Frust – weg mit dem Fett

Frust und Genuß gehören eng zusammen. Sowohl beim Zunehmen als auch beim Abnehmen. Jeder kennt das (auch Dünne). Man fühlt sich deprimiert, empfindet vielleicht wegen einer Bemerkung des Chefs Frust – und greift als Seelentröster erst einmal zu einem Stück Schokolade. Das tut gut! Süßer Genuß statt Frust. Ein Prinzip, das funktioniert, aber leider auch dick macht. Im übrigen sind die Probleme nach dem „Gaumenkitzel“ nicht gelöst, sie erscheinen nur für einen kurzen Moment lang nicht mehr so wichtig. Danach aber ist alles wie vorher. Der gleiche Frust, der gleiche Ärger, der gleiche Chef, aber ein dickerer Bauch - nicht beim ersten Mal, aber spätestens nach dem 50. Frust-Genuß.

Fragen gegen den Frust

Zunächst einmal sollten Sie sich diejenigen Situationen bewußt machen, die für Sie frustrierend oder belastend sind. Nur dann, wenn Sie solche Ereignisse, Erlebnisse oder Umstände klar erkannt haben, können Sie sich auf die Suche nach geeigneten Lösungen machen. Es ist ähnlich wie in der Medizin. Ohne exakte Diagnose (Aufspüren der Konfliktsituationen) keine wirkungsvolle Therapie (Strategien gegen den Frust und gegen den Frust-Genuß).

Beantworten Sie die folgenden Fragen. Sie können Ihnen helfen, solche belastenden Situationen auszumachen.

• Was regt Sie an Ihrem Arbeitsplatz besonders auf?
• Welche Situationen bringen Sie zu Hause in Rage?
• Welches Verhalten Ihrer Mitmenschen geht Ihnen besonders auf die Nerven?
• Gibt es Situationen, in denen Sie sich nicht anerkannt fühlen oder in denen Ihre Arbeit nicht genügend gewürdigt wird?
• Kommt es in Ihrer Familie häufig zu Spannungen, die Sie belasten, die Ihnen weh tun?
• Sind dies Situationen und Begebenheiten, die sie dazu veranlassen, besonders zu Süßigkeiten oder anderen fettreichen Nahrungsmitteln zu greifen?
• Haben sich andere schon einmal über Ihr Übergewicht lustig gemacht, sie gehänselt?
• Gibt es bestimmte Personen, bei denen es Ihnen ganz besonders unangenehm ist, daß Sie zu dick sind? Schämen Sie sich z. B. vor Ihrem Partner, wenn Sie sich abends ausziehen, duschen oder zu Bett gehen?
• Bei welchem Essen bzw. in welchen Situationen fällt es Ihnen besonders schwer, zu widerstehen und auch mal „Nein" zu sagen?
• Haben Sie manchmal ein schlechtes Gewissen, nachdem Sie irgend etwas gegessen haben?

Zehn Fragen nur, die Sie ehrlich beantworten sollten, um schwierige und belastende Situationen des Alltags zu erkennen. Tragen Sie nun in einer Liste wie der unten diejenigen Situationen ein, die Sie besonders zum Essen verführen, und überlegen Sie, was Sie dagegen tun könnten: entweder eine solche Begebenheit vermeiden (dies geht meist nicht), anders reagieren oder die Rahmenbedingungen ändern.

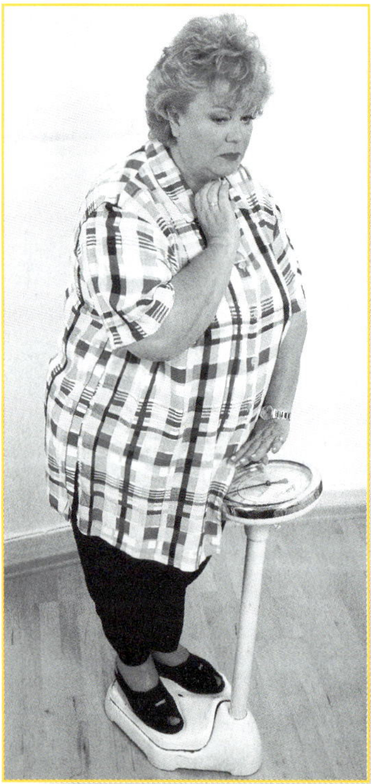

WANN ESSE ICH BESONDERS FETTREICH?	WAS ESSE ICH DANN MEISTENS?	WAS KÖNNTE ICH STATT DESSEN TUN ?
z. B. vor dem Fernseher	z. B. Chips	z. B. Reisgebäck oder Salzstangen knabbern
z. B. in einer kurzen Pause am Arbeitsplatz	z. B. einen „schnellen" Schokoriegel	z. B. eine Banane oder anderes Obst essen
z. B. nach Kritik vom Chef	z. B. Schokolade	z. B. fettfreie Süßigkeiten essen

Zwei Herzen in einer Brust

Zwei Herzen schlagen, ach, in einer jeden dicken Brust. Neidisch fällt der Blick der Dicken auf all die Dünnen um sie herum. Könnte man doch auch so aussehen! Und dennoch ist da immer wieder dieser Wunsch nach Essen. Bei fast jedem Gang zum Kühlschrank schießt es ihnen durch den Kopf: „Du wolltest doch eigentlich abnehmen. Jetzt keinen Sahnepudding, iß lieber einen Joghurt." Und dann wieder genau das Gegenteil: „Ein Sahnepudding schmeckt viel besser, ein Joghurt kannst du morgen ja auch noch essen. Einmal ist keinmal. Außerdem verfällt der Pudding morgen. Du mußt ihn essen." Ein inneres Zwiegespräch, das bei Übergewichtigen meistens zu Gunsten des Sahnepuddings ausgeht.

Zwei Herzen – eine gute Entscheidung

Nutzen Sie doch einfach dieses innere Zwiegespräch zu Ihren Gunsten. Machen Sie sich vor jedem Essen (auch bei noch so kleinen Zwischenmahlzeiten) bewußt: Was will ich jetzt? Um beim Beispiel zu bleiben: Den Sahnepudding oder den fettarmen Joghurt? Diskutieren Sie mit sich selbst das Für und Wider. Nehmen Sie sich grundsätzlich eine Minute Zeit, bevor Sie mit dem Essen beginnen. Gönnen Sie sich diese Bedenkzeit. Sie werden feststellen, daß sich Ihr Eßverhalten mit der Zeit verändern wird. Sie essen bewußter und greifen nicht mehr gedankenlos und automatisch in den Kühlschrank. Ein Punkt für Sie und damit weniger Punkte auf Ihrem Fettkonto – Sie werden sehen.

Natürlich setzt diese Strategie voraus, daß Sie immer eine fettarme Alternative im Kühlschrank vorrätig haben. Also: Räumen Sie sich beide Möglichkeiten ein, bauen Sie durch gezieltes Einkaufen vor, und entscheiden Sie in jedem Einzelfall bewußt.

Ja und Nein – keine Gegensätze

Wenn Sie nun vor Ihrem Kühlschrank stehen und Ihr ganzes Glück in diesem Moment von einem Sahnepudding abhängt – dann essen Sie ihn um Himmels willen! Allerdings erst, nachdem Sie sich die Fettpunkte bewußt zugestanden haben. Kaufen Sie zum Beispiel für jede Woche ein Viererpack solcher Puddings ein, und verteilen Sie die Puddings auf die ganze Woche. Besorgen Sie erst nach sieben Tagen wieder neuen Pudding.

Jetzt können Sie eine Entscheidung dafür oder dagegen treffen. Wenn Sie Ihren Pudding heute nicht genießen, dann haben Sie ihn sich morgen oder übermorgen verdient. „Nein" heißt also nicht „nie", sondern nur „im Moment nicht" und „nicht so viel". Sag niemals nie.

Was mit Sahnepudding geht, funktioniert natürlich auch mit allen anderen Lebensmitteln: Von einer Wochen-Tafel Schokolade, einer Drei-Tages-Portion Sahne bis hin zu einer Zwei-Wochen-Tüte Chips. Flexible Kontrolle, ein Motto, das auch hier greift und Abwechslung möglich macht.

Ein einfaches Rechenexempel:

Montag	Dienstag	Mittwoch	Donnerstag	Freitag	Samstag	Sonntag
60	60	60	60	60	60	60

Wenn Sie vier Sahnepuddings für die gesamte Woche einplanen möchten (z. B. Sahnepudding Schoko mit 4 x 200 g, also insgesamt 38 Fettpunkten) dann teilen Sie diese 38 Fettpunkte durch sieben Tage: 38 : 7 = 5,4. Dann runden Sie die Fettpunkte auf 5 ab und ziehen pro Tag pauschal diese 5 Fettpunkte ab.

Nun sieht Ihre Wochenbilanz so aus:

Montag	Dienstag	Mittwoch	Donnerstag	Freitag	Samstag	Sonntag
55	55	55	55	55	55	55

PLUS: 4 x Sahnepudding Schoko je 200 g, wann immer Sie wollen!

Ob an einem Tag alle vier oder über die Woche verteilt: Sie haben die Wahl.

Essen aus Gewohnheit – Snack ist nicht gleich Snack

Essen vor dem Fernseher ist für viele Übergewichtige einfach eine Selbstverständlichkeit. Eine feste Gewohnheit, gegen die sich scheinbar nichts ausrichten läßt. Chips, Cracker, Mini-Salami, Bier – kein Krimi ohne Fettkalorien.

Niemand verlangt von Ihnen, daß Sie mit dem Knabbern vor dem Fernseher gänzlich aufhören sollen, nur weil Sie abnehmen und Ihr Gewicht halten möchten. Bedenken Sie aber auch in dieser Situation, was Sie essen und wieviel Sie sich davon gönnen. Entweder Sie bleiben bei so fettreichen Snacks wie Chips oder Salami, dann schrumpft Ihr Fettpunktekonto für den restlichen Tag drastisch zusammen, oder sie steigen auf andere Knabbereien um. Von Reisgebäck bis hin zu Salzstangen und Brezeln. Anstelle einer fettbeladenen Salami zwei Stücke magerer Räucherschinken. Weniger Fett – mehr essen – gleich viel Spaß!

Natürlich können Sie auch eine Packung Chips in Ihre Wochenbilanz aufnehmen, wenn's ohne sie bei einem Bundesligaspiel oder einem spannenden Krimi nicht geht. Doch wieder gilt: Die Gesamtfettpunkte durch die Wochentage teilen. Wann Sie zuschlagen, bleibt Ihnen überlassen.

Das Rechenexempel zu diesem Beispiel: 100 g Kartoffelchips bringen es auf 32 Fettpunkte. 32:7=4,5 Ergibt aufgerundet wieder fünf Punkte weniger pro Tag in der Wochenbilanz.

Richtig planen – dennoch flexibel bleiben

Solche „Wochenrechnereien" sind aber nur dann nötig und sinnvoll, wenn Sie sich von festen Gewohnheiten nicht verabschieden wollen oder können. Wenn es also vier Sahnepuddings pro Woche sein sollen – gut! Eine Tüte Chips – auch O.K.! Dann sparen Sie an den nächsten Tagen eben wieder etwas ein. Nehmen Sie die ganze Angelegenheit nicht zu ernst. Und wenn Ihre Wochenbilanz einmal völlig aus den Fugen gerät, versuchen Sie, aus Ihren „Fett-Fehlern" zu lernen. So kann es nur besser werden. Zur Not können Sie auch zwei Wochen zusammenrechnen, leben dann in der zweiten Woche eben etwas fettärmer. Und ein Festessen bei Freunden, der eigene Geburtstag – das sind Ereignisse, die man in vollen Zügen genießen sollte – man kann sie ja später wieder „abstottern".

„Bitte nimm doch noch ein Stück!"

Eine Aufforderung, die wahrscheinlich so oder ähnlich jeder schon oft gehört hat, häufig verknüpft mit der drohenden Enttäuschung des Gastgebers. „Ich habe mir solche Mühe gegeben, stundenlang in der Küche gestanden – und jetzt magst Du nichts mehr...!". Eine Hilfeschrei nach Bestätigung, der nur selten ungerührt in den Ohren der Gäste verhallt – also heißt es: kräftig nachlegen.

Das Essen in Gemeinschaft, bei Freunden oder auf einer Party ist für Übergewichtige ein gewichtiges Problem. Jetzt ist es nicht mehr ausschließlich der innere und eigene Schweinehund, den es zu überwinden gilt, jetzt mischt sich das Verlangen zu essen mit dem Wunsch, die Gastgeberin oder den Gastgeber nicht vor den Kopf zu stoßen.

Machen Sie sich in dieser Situation bewußt, was Sie wollen und wie Ihr Gastgeber, durchaus gut gemeint, versucht, sich Ihnen aufzudrängen:

- Gekränkt sein: „Na ja, ich kann ja verstehen, daß Du nichts mehr willst. So gut war das Essen ja auch nicht..."
- Schuldgefühle erzeugen: „Ich habe mir solche Mühe gegeben, war extra im Feinkostladen, und jetzt bleibt alles liegen..."
- Ausreden anbieten: „Nun komm, einmal ist schließ-

lich keinmal. Heute ist doch ein besonderer Tag..."

• Entmutigen: „Du versuchst doch schon zum zehnten Mal abzunehmen, das klappt doch eh nicht. So jung kommen wir nie mehr zusammen - also, den Teller her..."

Wie gesagt: Ihre Gastgeber meinen es wirklich gut mit Ihnen und haben sich wirklich Mühe gegeben. Dennoch: Sie möchten abnehmen und es sich auf Dauer gutgehen lassen. Die Lösung lautet: Essen Sie von allem „ein wenig" und zeigen Sie Ihren Gastgebern so, daß Sie Ihre Bemühungen durchaus zu schätzen wissen. Also Vorsicht: Lassen Sie sich nicht zu endlosem Nachlegen verleiten, auch wenn Sie an den folgenden Tagen wieder Fettpunkte einsparen könnten. Und ein Stück frisches Weißbrot anstelle des dritten Stücks Pizza sättigt auch.

Erklären Sie Ihren Gastgebern und Freunden auch, warum Sie sich so verhalten. Wenn Sie nur kommentarlos ablehnen, wird man nicht verstehen, warum Sie sich so verhalten. Kränkungen sind häufig das Ergebnis von Mißverständnissen. Erläutern Sie, daß und wie Sie versuchen, endlich Ihr Übergewicht loszuwerden. Am besten wäre es natürlich, wenn Sie vor einer Einladung die Gastgeber bitten können, zusätzlich etwas Fettarmes auf den Tisch zu stellen.

Ablehnen und Fordern

Lehnen Sie also bei Einladungen nicht alles, dafür aber gezielt das Nachlegen ab. Wie gesagt: Immer in Verbindung mit der Erläuterung, daß es nicht persönlich gemeint ist oder etwas mit dem Essen zu tun hat.

Fordern Sie aber gleichzeitig Verständnis für Ihre Situation ein. Bei dünnen Zeitgenossen genauso wie bei den dicken, die Ihnen Ihren Weg des Erfolgs vielleicht auszureden versuchen werden – gemeinsam läßt es sich einfach leichter dick sein. Wenn einer ausschert, ist das eher unangenehm, denn wenn Sie es schaffen, wird allen klar, daß Abnehmen wirklich möglich ist und die anderen es auch packen könnten – wenn sie nur wirklich wollten!

Verständnis werden Sie bei all denjenigen finden, denen Sie wirklich etwas bedeuten, die begreifen, daß Sie abnehmen möchten, damit es Ihnen auf Dauer gutgeht und nicht nur jetzt im Moment mit drei Gläsern Bier, einer Rahmsuppe, vier Stücken Fleischkäse und als Dessert Mousse au Chocolat.

Vielleicht sind Ihre Gastgeber sogar begeistert von der Idee, daß Sie den fettarmen Tiramisu-Nachtisch mitbringen oder in deren Küche zubereiten. Zu viele Pfunde sind ein weit verbreitetes Problem. Es kann also durchaus sein, daß Ihre Freunde tatsächlich dankbar sind, wenn Sie von Ihrem Know-how lernen können.

Wenn Sie mit Ihren Angeboten ins Leere laufen, bleiben Sie dennoch standhaft. Lassen Sie sich nicht „überrennen", und zwingen Sie sich auch nicht selbst dazu, den Teller gänzlich leer zu essen, obwohl Ihnen mehr aufgetragen wurde, als Sie wollten und Sie schon satt sind.

„Ich werde es nie schaffen!"

Die Mißerfolge drohen überall. Beim Essen mit Freunden und Bekannten natürlich besonders, aber auch zu Hause, wenn man alleine ist, beim Einkaufen usw. Aber drohen sie wirklich? Eine vielleicht seltsam klingende Frage.

Es ist nur allzu verständlich, wenn Sie sich davor fürchten, es auch diesmal nicht zu schaffen. Doch Sie brauchen keine Angst zu haben: Sie machen diesmal ja keine Diät, Sie stellen – anders als bei allen vorherigen Versuchen – Ihre Ernährung dauerhaft um. Natürlich gibt es auch hier Höhen und Tiefen. Mal wird es besser klappen, mal weniger, doch was zählt, ist allein der langfristige Erfolg.

Sie werden mit einer fettnormalisierten Ernährung und ein wenig Sport jeden Tag abnehmen – garantiert. Stellen Sie sich Ihren Weg zu weniger Gewicht wie den Gang auf einer Treppe vor: Sie steigen langsam aber gesund und sicher herab und leisten es sich ab und zu einmal, eine Stufe wieder hinaufzugehen. Ein Problem? Nein! Denn die Richtung geht alles in allem nach unten. Wenn die Waage also mal wieder 500 Gramm oder ein Kilo mehr anzeigt, dann sind Sie eben kurzfristig eine Stufe nach oben gestiegen. Egal. Drehen Sie sich einfach um, halten Sie inne, besinnen Sie sich auf Ihre fettnormalisierte Ernährung, und schlagen Sie Ihre alte Richtung wieder ein.

Ein Mißerfolg bleibt also nicht unbedingt tatsächlich ein Mißerfolg. Es kommt entscheidend darauf an, wie Sie damit umgehen. Lassen Sie sich nicht entmutigen!

Gute Vorsätze, die keine sind

Gerade zu Beginn einer solchen Lebensumstellung stecken sich viele Menschen unendlich hohe Ziele, die sie um jeden Preis erreichen möchten - koste es, was es wolle. Doch machen Sie sich immer wieder bewußt, daß Sie sich nicht für vier, sechs oder acht Wochen auf Diät setzen, sondern dabei sind, Ihr Leben dauerhaft und mit Spaß zu verändern. Jede zu hoch gesteckte Erwartung an sich selbst hat aber nichts mehr mit Spaß zu tun, denn früher oder später werden Sie diese Vorsätze brechen, was zu Frust und Enttäuschung führt. Zu den klassischen „guten Vorsätzen" zählen die folgenden:

- Ich esse nie mehr Weißbrot!
- Ich mache jeden Morgen Gymnastik!
- Ich lasse es nie zu mehr als 60 Fettpunkten kommen!
- Ich esse nie mehr Kuchen und Schokolade!
- Ich gehe jeden Tag eine Stunde spazieren!

Warum diese Härte? Warum diese Kompromißlosigkeit? Natürlich können Sie sich vornehmen, weniger Weißbrot und dafür mehr Vollkornbrot zu essen, weil es länger sättigt. Aber so rigide? Nein! Wenn es eben gerade kein Vollkornbrot gibt oder Sie richtig Lust auf Weißbrot haben, dann essen Sie eben welches. Gehen sie spazieren, sooft es geht und sooft Sie mögen, aber zwingen Sie sich nicht dazu.

„Mein Partner muß mir beim Abnehmen helfen!"

Natürlich ist es hilfreich, wenn Sie Ihr Partner, aber auch Freunde und Bekannte beim Abnehmen aktiv unterstützen, indem Sie sie nicht zum Essen drängen oder den Weg der fettnormalisierten Ernährung sogar mitgehen. Es ist nicht einfach, vor dem Fernseher mit Salzstangen auszukommen, wenn sich Ihr Partner neben Ihnen mit Chips und Cola vergnügt.

Doch wenn Ihr Partner schlank und rank ist, braucht er die Ernährung nicht umzustellen. Sie können es aber auch alleine schaffen. Vorausgesetzt, Sie machen sich bewußt, daß Ihr Lebensstil damit von dem Ihres Partners oder Ihrer Freunde abweicht. Doch die beiden Lebensstile sind keine Gegensätze, sondern lassen sich gut miteinander verbinden. Sie sollten keine Einladung zum Essen ablehnen, dort aber auch nicht Ihr gesamtes Fett-Know-how über Bord werfen. Auch müssen Sie Ihrem Partner nicht Ihren Weg „aufzwingen". Wenn Sie keine Bratwurst mehr essen wollen, weil Ihnen mehr als 30 Punkte pro Wurst einfach zuviel sind, dann bereiten Sie sich eben ein Putensteak zu und brutzeln für Ihren Partner eine Bratwurst. Die Alternative zur Bratwurst ist ja schließlich weder langweilig noch fade.

Sie sind ausschließlich für sich selbst verantwortlich. Es ist Ihr Übergewicht, um das es geht, und es ist Ihr Erfolg, wenn Sie Pfund um Pfund und Kilo um Kilo verlieren.

9. Rauf aufs Rad – runter mit den Kilos

Vielleicht werden Sie bei dieser Überschrift etwas aufgestöhnt haben: Ich hab's doch gewußt, jetzt verlangt man von mir, Sport zu treiben. Und das mit meiner Figur, nein danke! Da bleibe ich lieber dick.

Nein! Es ist nicht so, wie Sie vielleicht vermuten. Sie können mit der vorgestellten Methode abnehmen, ohne das kleinste bißchen Sport. Doch schneller, gesünder und vor allem mit einer Figur, die Ihnen später auch beim Blick in den Spiegel gefällt, ohne Hautfalten an Oberarmen, Bauch oder Beinen, geht's nun

einmal nur mit Bewegung. Aber auch die soll Spaß machen! Außerdem hilft Ihnen der Sport dabei, das einmal erreichte „Traumgewicht" auch auf Dauer zu halten.

„Ich war schon immer unsportlich."

Die meisten Übergewichtigen winken bei Sport gleich ab – „Sport ist Mord". Doch die Ausrede „Ich war schon immer unsportlich!" gilt schon seit ein paar Jahren nicht mehr: Niemand wird unsportlich geboren. Es kommt nur auf die richtige Sportart an, die zu einem paßt, die Spaß macht und zu der man sich nicht zwingen muß. Ohne Spaß geht's nun mal nicht! Gewaltaktionen sind zum Scheitern verurteilt. Sie sind nicht unsportlich! Wahrscheinlich haben Sie bislang nur noch nicht den Sport gefunden, den Sie gerne ausüben. Das Gewicht spielt dabei keine Rolle.

„Ich bin häßlich, wenn ich Sport mache."

Gerade beim Sport liegen die Kleidungsstücke meist hauteng an und sollen eigentlich zeigen, wie fit man ist. Ob nun bei Radlern, Joggern oder noch schlimmer im Hallen- oder Freibad: Die Rettungsringe, die man loswerden möchte, werden gerade hier für jedermann sichtbar. Die eigenen Falten unter weiter Kleidung zu verstecken – beim Sport geht das meist nicht. Natürlich kostet es erst einmal eine ganze Menge Überwindung, mit einem Sport anzufangen und sich zu sagen: „Ich will!" Genau das sollten Sie sich bewußt machen: Sie beginnen mit dem Sport, weil Sie eben gegen dieses Übergewicht, für das Sie sich vielleicht schämen, aktiv angehen, anlaufen oder anschwimmen möchten. Es gibt keinen Grund, sich für diese Entscheidung „in Sack und Asche zu hüllen", im Gegenteil. Es ist bewundernswert, daß Sie mit dem Sport anfangen möchten. Zollen Sie sich selbst daher den Respekt, den Sie verdient haben. Sie haben einige Kilos zu viel, fühlen sich dick und kugelrund – na und? Sie haben angefangen, dagegen etwas zu tun! Noch einmal: Seien Sie stolz auf sich, und sagen Sie sich: „Nur noch ein paar Wochen bzw. ein paar Monate, dann kann ich mich sogar darauf freuen, meine Figur zu zeigen!"

Der erste Schritt ist immer der schwerste – und der wichtigste!

Natürlich gibt es eine ganze Menge Gründe, die für eine sportliche Betätigung sprechen. Aber es sprechen genauso viele Gründe dafür, mit dem Rauchen aufzuhören, und dennoch tun sich die meisten Raucher schwer damit. Was also machen, um sich selbst zu motivieren? Zuerst einmal gilt: Seien Sie ehrlich zu sich selbst und stecken Sie sich keine Ziele, die zu hoch sind und die Sie „unbedingt erreichen müssen". Sie „müssen" gar nichts, Sie wollen es – und genau das ist der entscheidende Unterschied. Flexible Kontrolle – dieses Motto gilt auch beim Sport.

In den ersten Wochen (bis zu zehn) werden Sie sich jedes Mal aufs neue motivieren müssen, mit einer Übungseinheit loszulegen. Es dauert zugegebenermaßen eine gewisse Zeit, bis Sie nach der körperlichen Anspannung die Entspannung werden genießen können. Zu Beginn stört Sie vielleicht sogar der ein oder andere Schweißtropfen, aber auch daran werden Sie sich gewöhnen, ja sogar Gefallen finden. Es geht nichts über ein paar Minuten Nichtstun nach dem Radfahren, Walken oder Schwimmen – und dann eine erfrischende Dusche. Dies sind mit die entspannendsten Momente, die es überhaupt gibt. Und man ist stolz darauf, etwas getan und sich selbst überwunden zu haben.

Bis Sie aber soweit sind, brauchen Sie vielleicht den einen oder anderen Motivationsschub. Hier sind fünf Gründe, Sport zu treiben.

Sport macht schlank

Es ist nicht nur die Anstrengung, die dazu führt, daß während des Sports die Kalorien verbrannt werden. Wer sich regelmäßig bewegt, also drei- bis fünfmal pro Woche für mindestens 30 Minuten, der steigert auch seinen Grundumsatz, also diejenige Energiemenge, die der Organismus tagtäglich aufbringen muß, um sämtliche Körperfunktionen aufrechtzuerhalten. Der Grund: Durch den Sport bilden sich mehr Muskeln aus. Mehr Muskeln benötigen – auch im Ruhezustand – mehr Energie. Mehr Energiebedarf bedeutet auch, daß mehr Fett wird verbrannt wird.

Das Motto lautet: Häufige und regelmäßige, nicht allzu heftige Sporteinheiten sind besser als seltene, dafür aber besonders anstrengende Trainingseinheiten.

Und bei welchem Sport verbrennt man wieviel Energie?

SPORTART	ENERGIEVERBRAUCH/ h
(Spazieren-) Gehen (3 km / Stunde)	176 Kalorien
(Spazieren-) Gehen (4,5 km / Stunde)	200 Kalorien
Wandern (6 km / Stunde)	260 Kalorien
Joggen (9 km / Stunde)	666 Kalorien
Joggen (12 km / Stunde)	760 Kalorien
Radfahren (9 km / Stunde)	250 Kalorien
Radfahren (15 km / Stunde)	380 Kalorien
Radfahren (21 km / Stunde)	610 Kalorien
Gymnastik - Lockerung & Dehnung	210 Kalorien
Gymnastik - Konditionsübungen	470 Kalorien
Schwimmen (20 m / Minute)	400 Kalorien
Skilanglauf (9 km / Stunde)	630 Kalorien
Rudern (3 km / Stunde)	256 Kalorien
Rudern (6 km / Stunde)	650 Kalorien
Tanzen - Foxtrott	310 Kalorien
Tanzen - Walzer	360 Kalorien
Reiten (Trab)	294 Kalorien

In dieser Tabelle ist die Erhöhung des Grundumsatzes nicht mitberücksichtigt. Eine Stunde Bewegung und Hunderte von Kalorien verbrennen – keine schlechte Bilanz also. Einen kleinen Wermutstropfen aber gibt's: Stellt man einigen Lebensmitteln gegenüber, wie lange man sie „wegstrampeln" muß, wird schnell deutlich, daß an einer fettnormalisierten Ernährung wirklich kein auch noch so sportlicher Weg vorbeigeht.

LEBENSMITTEL & KALORIENMENGE	SOLANGE MUSS MAN DAFÜR STRAMPELN
Bier - 0,5 l, 240 Kalorien	22 Minuten Radfahren
Cola - 1 l, 440 Kalorien	40 Minuten Radfahren
Schokolade - 100 g, 550 Kalorien	50 Minuten Radfahren
Erdnüsse - 100 g, 600 Kalorien	55 Minuten Radfahren

Sport ist eine ideale Ergänzung, um schneller abzunehmen und auf Dauer das Gewicht zu halten – vorausgesetzt, es bleibt bei etwa 60 Fettpunkten pro Tag.

Sport macht satt

Auch das ist ein Grund, der für die richtige Bewegung spricht. Wer während des Sports jede Menge Kalorien durch seine Muskeln jagt, hat danach zwar Hunger, ißt aber längst nicht soviel, wie es dem tatsächlichen Verbrauch entsprechen würde. Im Klartext: Man ißt (bei richtiger, fettnormalisierter Ernährung) weniger, als verbrannt wurde. Die Bilanz ist also glänzend. Nach dem Sport zulangen, satt werden und dennoch im „grünen Bereich" sein. Was will man mehr?

Sport macht schön

Das Problem kennen wohl (fast) alle, die schon mal ein paar Kilo abgenommen haben. Kaum zeigt die Waage fünf oder zehn Pfund weniger an, wird die Haut schwabbelig – an Oberarmen, Bauch, Beinen und Po. Hier ist der Sport das beste und einzige Mittel (sieht man von chirurgischen Möglichkeiten einmal ab), mit diesen „Ex-Speckfalten" fertig zu werden bzw. sie gar nicht erst entstehen zu lassen. Allerdings kommt es auf die richtigen Sportarten an. Auf der einen Seite gibt es Ausdauersportarten, auf der anderen Gymnastik zur Gewebestraffung. Beides ist untrennbar miteinander verbunden.

Sport macht glücklich

Auch das ist ein guter Grund, mehrmals in der Woche Sport einzuplanen. Bewegung ist ein Streß- und Frustkiller. Zum einen strampelt, schwimmt, geht oder läuft man sich bei Ausdauerbelastungen den Ärger förmlich von der Seele, zum anderen setzt das Gehirn bei Langzeitbelastungen spezielle Botenstoffe frei, die den Betreffenden in eine positive Stimmung versetzen. Diese sogenannten Endorphine (Substanzen, die mit dem Morphium verwandt sind) werden immer dann ausgeschüttet, wenn der Körper besonders viel leisten muß – bei einer langen Fahrradtour zum Beispiel.

Sport macht gesund

Der letzte Grund schließlich hängt mit dem Erhalt der eigenen Gesundheit zusammen. Im zweiten Kapitel wurden ausführlich die Risiken des Übergewichtes beschrieben. Ein weiterer Risikofaktor für alle möglichen Erkrankungen (vor allem Arterienverkalkung, Herzinfarkt und Schlaganfall) ist Bewegungsmangel. Unser Herz braucht den regelmäßigen positiven Bewegungs-Kick durch Ausdauerleistungen wie Fahrradfahren, Schwimmen, Walken, Reiten usw. Und längst nicht nur das Herz profitiert davon, auch

- der Blutdruck wird gesenkt,
- die Cholesterinwerte werden gesenkt (weniger LDL, mehr HDL),
- der Blutzucker wird gesenkt.

Sport ist nicht gleich Sport

Doch nun zu dem vielleicht für viele wichtigsten Problem überhaupt: Wie finde ich die Sportart, die zu mir paßt, die mir Spaß macht? Da zumindest am Anfang die überflüssigen Kilos ja noch „mit im Boot" sind, gilt es eine Sportart ausfindig zu machen, die dennoch angenehm ist und zudem den Körper, also sowohl das Herz-Kreislauf-System als auch Gelenke und Knochen, nicht allzu sehr belastet.

Sportart	geeignet oder nicht?
Walking	sehr gut geeignet
Aqua-Jogging (Dauerlauf im Wasser, z. B. im Hallenbad)	sehr gut geeignet
Radfahren	sehr gut geeignet
Schwimmen	sehr gut geeignet
Ski-Langlauf	sehr gut geeignet
Bergwandern	gut geeignet
Gymnastik (zur Steigerung der Beweglichkeit und Gewebestraffung)	gut geeignet und empfehlenswert in Kombination mit einer Ausdauersportart
Low-impact-Aerobic (Low impact = nicht so anstrengend. Ein Fuß sollte immer auf dem Boden bleiben, keine Sprünge.)	gut geeignet
Step-Aerobic (Eine Art Stufe wird als Hilfsmittel benutzt, keine Sprünge.)	gut geeignet
Volleyball	bedingt geeignet
Tauchen (Ältere Menschen über 50 sollten damit grundsätzlich nicht mehr beginnen.)	gut geeignet
Ski alpin	bedingt geeignet
Surfen & Segeln	bedingt geeignet
Tennis	bedingt geeignet
Squash (generell gelenkbelastend)	nicht geeignet
Fußball (generell gelenkbelastend)	nicht geeignet
Joggen (nur bei richtiger Ausrüstung, weichem Boden und Normalgewicht sinnvoll)	nicht geeignet

Diese Liste gilt natürlich nur für Übergewichtige. Sind die Pfunde erst einmal weg, ist beispielsweise auch Joggen eine geeignete Möglichkeit (mit entsprechenden Schuhen und auf einem weichen Boden), Ausdauer zu trainieren. Vorher aber belastet jedes Kilo zuviel bei jedem Schritt die Gelenke und kann sie schädigen.

Deshalb gilt grundsätzlich: Alle schnellen Bewegungswechsel, Schläge auf die Gelenke und starke Erschütterungen sollten Übergewichtige erst einmal meiden. Sind die Kilos weg, kann man natürlich auch damit beginnen. Die Ausnahme stellt Tauchen dar. Wer älter als 50 ist, sollte damit nicht mehr angefangen.

Walking, Schwimmen, Radfahren – ein erfolgreiches Triumvirat

Zweifelsohne sind das die drei besten Sportarten für Dicke. Sie belasten den Bewegungsapparat nicht sonderlich, lassen aber dennoch Ausdauerleistungen zu. Ganz egal, für welche Sportart Sie sich entscheiden, in Ihrem Körper passiert immer das gleiche:

• Körperliche Anpassung (4 - 10 Wochen) – der Organismus muß sich an die neue Situation erst einmal gewöhnen. Sie sind nicht sehr belastbar und sollten sich auch nicht überfordern. Machen Sie viele Pausen und genießen Sie sie auch. Konzentrieren Sie sich auf die richtige Atmung, und kontrollieren Sie regelmäßig Ihren Puls. Keine Gewaltaktionen und auch keine Marathon-Distanzen.

• Körperlicher Aufbau (ca. 8 Wochen) – Ihre Ausdauerleistung nimmt kontinuierlich zu. Sie schaffen mehr, und das Entspannen nach dem Sport macht Ihnen immer mehr Spaß. Sie sind stolz auf Ihre Leistung.

• Stabilisierung – Sie pendeln sich auf Ihrem persönlichen „Wohlfühl-Niveau“ ein und sollten dies versuchen zu halten. Mal ein bißchen mehr, mal ein bißchen weniger – ganz so, wie Sie sich gerade fühlen, wie Ihre Tagesform ist.

Für alle drei Sportarten gilt: Beginnen Sie am besten in einer Gruppe mit Gleichgesinnten und Gleichgewichtigen. Wenn jeder so aussieht wie Sie, brauchen Sie sich auch nicht sonderlich zu schämen (obwohl es dafür ohnehin keinen Grund gibt). Wenn Sie auch noch unter fachkundiger Anleitung (z. B. durch einen Übungsleiter im Sportverein) die richtigen Bewegungsabläufe lernen, werden Sie noch mehr Spaß haben. Rufen sie doch einfach den Vorsitzenden Ihres Sportvereins vor Ort an. Die Nummer steht im Telefonbuch oder Sie erfahren sie im Rathaus bzw. bei der Lokalredaktion Ihrer Tageszeitung. Regelmäßige Sporttreffen mit Gleichgesinnten helfen übrigens, den inneren Schweinehund zu überwinden, der auch beim Sport ein nicht zu unterschätzender Gegner ist.

Wann und wie anfangen?

Die meisten Übergewichtigen haben seit Jahren keinen Sport mehr gemacht und wissen daher auch nicht, wie ihr Körper auf die ungewohnte Belastung reagieren wird. Der wichtigste Rat lautet deshalb:

Fragen Sie Ihren Arzt, bevor Sie mit dem Sport beginnen, und muten Sie sich nicht zu viel zu.

Ihr Arzt wird Sie gründlich untersuchen und vielleicht auch Ihr Herz mit einem Belastungs-EKG (die Herzströme werden auf einem Ergometer-Fahrrad bei Anstrengung aufgezeichnet) kontrollieren. Wenn Ihr Arzt grünes Licht gibt, steht Ihren neuen sportlichen Aktivitäten nichts mehr im Wege.

Schildern Sie Ihrem Arzt aber genau, was Sie vorhaben, und fragen Sie nach, auf was Sie gegebenenfalls achten bzw. wann Sie sich mit ihm erneut besprechen sollten.

Wie intensiv trainieren?

Grundsätzlich sollten Sie nur solange und soviel trainieren, wie es Ihnen guttut. Mit hängender Zunge und keuchendem Atem sich voranzuschleppen, bringt nichts und ist sogar ungesund. Sie tun Ihrem Körper nichts Gutes und verbrennen zudem kein Gramm Fett mehr. Es gilt bei Ausdauersportarten die einfache Regel: Sie müssen sich beim Schwimmen, Laufen oder Walken noch ohne größere Mühen unterhalten können. Wenn sie nach Luft japsen, nehmen Sie einen Gang raus.

Die Beobachtung und Kontrolle Ihres Pulses ist das beste Mittel, um im grünen Bereich zu bleiben. Mit den Jahren nimmt die optimale Herz-Trainingsfrequenz ab:

ALTER	HERZ-TRAININGSFREQUENZ (Schläge pro Minute)
20	150 - 160
25	145 - 155
30	140 - 150
35	135 - 145
40	130 - 140
45	125 - 135
50	120 - 130
55	115 - 125
60	110 - 120
65	105 - 115
70	100 - 110

Sie können Ihren Puls am einfachsten messen, indem Sie mit zwei Fingern an einer Ihrer Halsschlagadern fühlen. Am besten mit der rechten Hand an der rechten Halsseite. So können sie auf Ihre Armbanduhr schauen und den Sekundenzeiger beobachten. Messen Sie in einer Pause eine Minute lang. Während der Anstrengung dürfte Ihnen die Messung schwer fallen, weil die Bewegungen den Pulsschlag überdecken. Allein geübte Walker schaffen dies bei Langstrecken ohne größere Probleme.

Wem eine solche Messung von Hand zu lästig ist, für den stehen heute elektronische Pulsmesser zur Verfügung, die allerdings mehr als 100 Mark kosten können. Ein kleiner Gurt um den Brustkorb ermittelt die aktuelle Pulsfrequenz und sendet sie an eine Armbanduhr, die auch während des Walkens, Fahrradfahrens oder sogar Schwimmens (alle Teile sind wasserdicht) die aktuellen Werte anzeigt. Ein nützliches Gerät, an das man sich aber gewöhnen muß. Wer zu häufig auf seinen Pulsmesser schaut, läuft Gefahr, sich von ihm unter Druck setzen zu lassen. Und das ist nicht der Sinn der Sache.

Sollte Ihnen auffallen, daß Ihr Herz stolpert (Sie fühlen das „unrunde" Schlagen oder hören es am Piepsen der Pulsuhr, daß der Herzschlag nicht regelmäßig ist), also unregelmäßig schlägt, konsultieren Sie diesbezüglich Ihren Arzt. Treiben Sie es nie soweit, daß Ihnen übel wird oder es in Armen und Beinen zu Kribbeln beginnt. Dies sind eindeutige Hinweise darauf, daß Sie sich zuviel zugemutet haben.

Wie geht's los? – Ihre persönliche Checkliste

• Arztbesuch und Check-up-Untersuchung waren O.K. Sie haben grünes Licht für den (Sport)Start?

☐ JA ☐ NEIN

• Sie fühlen sich gut und haben im Moment keine Erkältung oder einen grippalen Infekt?

☐ JA ☐ NEIN

• Sie können Ihren Puls kontrollieren und kennen Ihren optimalen Trainingspuls?

☐ JA ☐ NEIN

• Sie haben sich vorgenommen, es nicht zu übertreiben, da Sie sich erst an die neue Belastung gewöhnen müssen?

☐ JA ☐ NEIN

• Sie haben sich bereits einen Trainingsplan aufgestellt, um gesund und schonend wieder fit zu werden?

☐ JA ☐ NEIN

Wenn Sie alle fünf Check-Fragen mit JA beantwortet haben, dann steht Ihrem Start in den Ausdauersport nichts mehr im Weg.

Radfahren – Ihr persönlicher Trainingsplan

Das Fahrrad ist das ideale Trainingsgerät für übergewichtige Menschen. Die Last der überflüssigen Pfunde belastet bei diesem Sport nicht die Gelenke, sondern wird vom Sattel abgefangen. Aber es ist nicht damit getan, das alte Fahrrad von Opa oder Oma aus dem Keller zu zerren und sogleich zu starten. Wenn Sie noch einen Drahtesel zu Hause haben, dann lassen Sie ihn in einem Fachgeschäft kurz durchchecken. Insbesondere die Sattelhöhe ist entscheidend und muß an Ihre Körpergröße angepaßt werden, was aber eigentlich kein Problem ist.

Wenn Sie selbst zum Inbusschlüssel greifen möchten, dann stellen Sie Ihren Sattel so ein, daß Sie bei getretenem Pedal (niedrigster Punkt) das Bein fast, aber nicht ganz durchgedrückt haben. Sie können so die Kraft optimal und gleichzeitig gelenkfreundlich auf die Mechanik übertragen. Eine leichte Beugung im Knie ist durchaus gewünscht, um bei kräftigem Treten das Gelenk nicht zu überstrecken.

Beginnen Sie mit drei Etappen pro Woche. Dies ist für den Anfang völlig ausreichend. Auch die Länge der Etappen sollten sie nur langsam steigern.

Dieser Trainingsplan ist natürlich nur ein Vorschlag. Sie können ihn variieren und Ihren Bedürfnissen anpassen. Zum Beispiel könnten Sie den Weg zur

3 x pro Woche	
1. Woche	10 Minuten
2. Woche	15 Minuten
4 x pro Woche	
3. Woche	15 Minuten
4. Woche	20 Minuten
5. Woche	25 Minuten
5 x pro Woche	
6. Woche	25 Minuten
7. Woche	30 Minuten

Arbeit auf diese Weise zurücklegen. Bitte bedenken Sie aber immer, daß eine langsame Steigerung wirklich der beste Weg ist, um Ihren Körper wieder an die für ihn ungewohnte sportliche Aktivität zu gewöhnen.

Walking – Ihr persönlicher Trainingsplan

Mit dem Walking ist das so eine Sache. Auf der einen Seite sieht es ganz einfach aus, auf der anderen kann man aber auch eine Menge falsch machen. Am wic‹htigsten ist richtiges Schuhwerk. Alte Turnschuhe, auch wenn sie noch passen sollten, können Sie in der Regel nicht verwenden. Wer walken möchte, der sollte nicht an guten Schuhen sparen. Sie müssen optimal sitzen, Halt geben und vor allem einen Aufpralldämpfer im Fersenbereich aufweisen. Im Fachhandel gibt es hier eine Menge Angebote. Von Luftkissen bis hin zu kleinen Gelkapseln, die das Laufen butterweich machen. Diese Abdämpfung ist besonders wichtig, um die Gelenke zu schonen. Ein gutes Paar Schuhe kostet bis zu 200 Mark. Lassen Sie sich ausführlich beraten (in mehreren Geschäften), und ziehen Sie stets beide Schuhe an. Sie müssen sich wohl fühlen und sollten vorher normale Halbschuhe tragen, um vergleichen zu können. Wer mit Sandalen daherkommt, hat immer den Eindruck, daß die Sportschuhe zu eng sitzen, obwohl sie gut passen.

Achten sie beim Walken immer darauf, daß Sie mit der Ferse zuerst aufsetzen und dann über den gesamten Fuß abrollen. Der Schuh kommt während eines Schrittes also von der Ferse über den Mittelfuß bis hin zu den Zehen mit dem Boden in Berührung. Plattes Aufsetzen ist falsch. Wer richtig walkt, wird seine Schritte kaum hören.

Walking eignet sich für Übergewichtige besonders gut, weil es nicht so anstrengend ist und auch der Grad der Belastung gut gesteuert werden kann. Man geht einfach etwas schneller oder langsamer und kontrolliert regelmäßig den Puls.

So richtig Spaß macht Walken erst in der Gruppe. Man walkt gemeinsam durch den Wald oder Stadtpark. Da sich der Puls nie in schwindelerregenden Höhen befinden sollte, ist eine Unterhaltung während des Walkens eine angenehme Abwechslung. Tun Sie einfach das, was Ihnen Spaß macht: Wer alleine auf Tour gehen muß oder will, kann jede Menge Spaß mit einem Walkman haben. Die richtige Musik ist so etwas wie ein „Schrittmacher". Stellen Sie sich auf Ihrer Walking-Kassette solche Stücke zusammen, die vom Rhythmus her Ihrem derzeitigen Gehtempo entsprechen (der „Beat" wird im Laufe der Zeit schneller werden müssen). In gut sortierten Musik- und Sportgeschäften können Sie auch fertige Kassetten erstehen, die mit einer Schrittangabe pro Minute versehen sind. Aber Vorsicht, lassen Sie sich auch von Ihrem Walkman nicht hetzen. Wenn Ihr Puls nach oben schnellt, machen Sie langsamer und entspannen Sie sich. Gerade bei dieser Sportart gilt: Der Weg ist das Ziel.

Etwa ab der 10. Woche können Sie Ihre Walking-Zeit um wöchentlich eine Minute steigern, bis Sie 30 - 60 Minuten erreicht haben. Je nachdem, wie wohl Sie sich dabei fühlen. Ihr Puls sollte auch gegen Ende der täglichen Trainingsphase nicht den Bereich der Optimalfrequenz verlassen. Bitte denken Sie daran, die Zeit vor und nach jeder Einheit mit einleitenden bzw. ausklingenden Dehnübungen für Beine, Arme und Rumpf zu gestalten. Sie werden feststellen, daß Sie im Laufe der Zeit immer etwas schneller walken müssen, um Ihren Puls im Optimalbereich zu halten. Ihr Herz paßt sich der positiven Belastung an und pumpt mehr Blut pro Schlag. Dies ist völlig normal und ein Zeichen für die sich ausbildende Fitneß und Kondition.

Auch beim Walken ist es sinnvoll, wenn Sie in Ihrem örtlichen Sportverein nachfragen, ob bereits eine solche Sportgruppe besteht. Sollten die Ansprüche am Anfang zu hoch sein, dann folgen Sie unserem Trainingsprogramm und stoßen Sie erst später dazu, wenn Sie soweit sind. Gerne wird man Ihnen dort aber die richtige Abrolltechnik der Füße zeigen, damit sich bei Ihnen als Anfänger keine Fehler einschleichen.

3 x pro Woche		
1. Woche	3 x 2 Minuten	Schnelles Gehen, dazwischen langsames Gehen, Entspannen und Dehnübungen
2. Woche	2 x 3 Minuten	Schnelles Gehen, dazwischen langsames Gehen und Dehnübungen
4 x pro Woche		
3. Woche	2 x 3 Minuten	Schnelles Gehen, dazwischen langsames Gehen und Dehnübungen
4. Woche	2 x 5 Minuten	Schnelles Gehen, dazwischen langsames Gehen und Dehnübungen
5. Woche	2 x 6 Minuten	Schnelles Gehen, dazwischen langsames Gehen und Dehnübungen
6. Woche	2 x 7 Minuten	Schnelles Gehen, dazwischen langsames Gehen und Dehnübungen
5 x pro Woche		
7. Woche	2 x 7 Minuten	Schnelles Gehen, dazwischen langsames Gehen und Dehnübungen
8. Woche	2 x 8 Minuten	Schnelles Gehen, dazwischen langsames Gehen und Dehnübungen
9. Woche	2 x 12 Minuten	Schnelles Gehen, davor und danach langsames Gehen und Dehnübungen

Schwimmen – Ihr persönlicher Trainingsplan

Auch das Schwimmen ist ideal für Übergewichtige geeignet. Das Wasser „trägt" die Kilos und schont die Gelenke. Das Problem allerdings kennen viele nur allzu gut: Man muß sich ausziehen und bis man sich ins Wasser geflüchtet hat, sind die Rettungsringe weithin sichtbar. Man schämt sich einfach, so dick zu sein.

Für dieses Problem gibt es verschiedene Lösungen. Entweder Sie fragen nach gezielten Schwimmstunden für Übergewichtige (die gibt es allerdings nur in sehr wenigen Bädern, meistens in Kurorten) oder Sie gehen zu einer Zeit, in der besonders wenig los ist. Zum Beispiel morgens vor dem Schulschwimmen zwischen 7.00 und 8.00 Uhr. Sich zu zwingen ist aber auch in diesem Fall sinnlos. Wenn Ihr örtlicher Sportverein keine entsprechende Gruppe anbietet und Sie nicht so früh aufstehen möchten und sich Ihre Scheu nicht überwinden läßt, dann steigen Sie eben erst einmal aufs Rad und begeben sich erst dann ins kühlende Naß, wenn Sie einige Kilos abgenommen haben. Bitte denken Sie immer daran: Sie müssen sich wohlfühlen. Wer sich ins Hallenbad quält, weil ihn die etwaigen Blicke der Mitschwimmer stören, der sollte es lassen. Sie werden sonst schnell die Lust verlieren und um so enttäuschter sein, daß Sie es wieder einmal nicht geschafft haben.

Wer mit dem Schwimmen beginnt, für den eignen sich besonders Rückenschwimmen und Kraulen. Brustschwimmen ist zwar eine sehr angenehme Schwimmart, belastet bei falscher Körperhaltung aber die Wirbelsäule, was zu Rückenproblemen führen kann. Wenn Sie eine Gesundheits-Schwimmgruppe in Ihrem Verein gefunden haben, dann lassen Sie sich dort die richtige Atem- und Bewegungstechnik beim Brustschwimmen zeigen. Für all diejenigen aber, die alleine loslegen wollen, sind Rückenschwimmen und Kraulen die besseren Einstiegstechniken.

TRAININGSWOCHE	STRECKENLÄNGE jeweils	VERHÄLTNIS der Zeiten von BELASTUNG : PAUSE	GESAMTZEIT geschwommen
3 x pro Woche			
1. Woche	12 - 16 Meter	1 : 3	5 Minuten
2. Woche	12 - 16 Meter	1 : 2	5 Minuten
3. Woche	12 - 16 Meter	1 : 1	5 Minuten
4 x pro Woche			
4. Woche	12 - 16 Meter	1 : 1	5 Minuten
5. Woche	12 - 16 Meter	1 : 1	10 Minuten
6. Woche	25 Meter	1 : 1	10 Minuten
5 x pro Woche			
7. Woche	25 Meter	1 : 1	10 Minuten

Ganz wichtig ist das Verhältnis von Belastungszeit und Pausenzeit. Die meisten Becken sind zwar 25 Meter lang, dennoch zwingt Sie niemand, bis ans andere Ende zu schwimmen. Teilen Sie sich die Strecke ruhig ein, und machen Sie nach der Hälfte erst einmal Pause am Rand. Verkürzen Sie die Pausenzeiten nur langsam. Nach etwa zwei Monaten kommen Sie vielleicht sogar ganz ohne Pausen aus. Als Richtwert gilt hier wieder Ihr persönliches Wohlbefinden und der Optimalwert Ihrer Pulsfrequenz.

Wenn Sie irgendwann 20 - 30 Minuten am Stück schwimmen können, haben Sie Ihr Ziel erreicht.

Weg mit dem Fett – her mit den „Ex-Fettfalten"?

Wir haben es schon kurz angesprochen: Wenn Sie durch eine gezielte Umstellung Ihrer Ernährung und regelmäßigen Sport Ihre Fettkilos reduzieren, dann können (müssen aber nicht) sie entstehen: die „Ex-Fettfalten". Da, wo vorher noch einige Kilos drunter steckten, hängt nun die Haut schlaff herab. Eigentlich sind sie die untrüglichen Zeichen des Erfolges, aber niemand ist auf diese Insignien des Abnehmens bedacht. Also müssen sie weg. Besser noch, wenn sie gar nicht erst entstehen. Und das stellt ein kleines Problem dar. Zwar bringt Ausdauersport Herz und Kreislauf in Schwung und kurbelt (bei längerer Belastung) auch die Fettverbrennung an, gegen schlaffes Gewebe aber können weder Schwimmen, Radfahren noch Walken Entscheidendes ausrichten. Es kommt also auf die richtige Kombination von Ausdauersportarten und Gymnastik an. Eine Gymnastik, die ebenfalls Spaß machen soll und die man zu Hause vor dem Fernseher, im Wohnzimmer oder im Sportverein bzw. der Aerobic-Stunde durchführen kann. „Fit with fun!“ – nur so geht's auch hier. Das beste Mittel gegen „Ex-Fettfalten“ ist Gymnastik.

Weg mit dem Fett – weg mit den „Ex-Fettfalten“

Mit gymnastischen Übungen lassen sich Muskelkraft und Beweglichkeit steigern. Und auch hier gilt: Fangen Sie langsam an. Auch wenn Claudia Schiffer in Ihren Videos die tollsten gymnastischen Übungen vorturnt, Sie müssen und sollen das nicht sofort so hinkriegen. Nehmen Sie sich also auch hier nicht zuviel vor. Bleiben Sie mit Spaß am Ball.

Am besten wäre es, Sie schließen sich einer entsprechenden Gruppe Ihres Sportvereins an (z. B. Low-impact-Aerobic, Gymnastik, Jazztanz etc.) und erlernen so unter Anleitung eines geschulten Übungsleiters die richtigen Bewegungsabläufe. Doch Sie können auch alleine zu Hause gymnastische Übungen durchführen. Allerdings müssen Sie aus einer Vielzahl von Übungsprogrammen und Gymnastikvorschlägen gezielt auswählen. Es ist manchmal gar nicht so einfach, ein Trainingsprogramm zu finden, das einem wirklich liegt. Mehr dazu erfahren Sie in nächsten Kapitel.

Sport ist gesund – aber nicht immer

Selbst wenn man sich an den Sport gewöhnt hat, ihn sogar nicht mehr missen möchte, so gibt es doch Phasen, in denen er ungesund sein kann. Vor allem dann, wenn Sie erkältet sind. Viele virale Infekte lassen nicht nur die Nase laufen und den Schädel brummen, sondern können (müssen aber nicht) auch den Herzmuskel angreifen. Wir merken davon überhaupt nichts, und der Körper wird mit einer solchen Infektion in der Regel ohne Probleme alleine fertig. Sie ist meistens völlig ungefährlich – es sei denn, man fordert sich in dieser Zeit sportlich zu sehr. Also, bleiben Sie im Bett, oder treten Sie wenigstens für einige Tage kürzer. Während einer ausgeprägten Erkältung und danach etwa zwei Wochen lang sollten Sie keinen Sport betreiben.

Sport ist Mord – für Ihre Fettkilos

Fassen wir also zusammen: Sie nehmen schneller, gesünder und dauerhaft ab, wenn Sie eine Ausdauersportart betreiben, die zu Ihnen paßt und die Ihnen Spaß macht. Auch wenn Sie sich die ersten Wochen etwas „anschieben“ müssen, der Erfolg ist Ihnen sicher.

Auch die „Ex-Fettfalten“ sind kein unausweichliches Schicksal. Wenn Sie Ihr Ausdauerprogramm mit gezielten Gymnastikübungen kombinieren, entstehen solche Falten erst gar nicht. Wenn aber partout nichts gegen sie zu machen ist, muß wirklich der Chirurg ran – und dann zahlt eventuell sogar die Kasse! Mehr dazu im nächsten Kapitel.

10. Die wichtigsten Tips & Fragen auf einen Blick

Wieviel und wie schnell kann ich durch eine fettnormalisierte Ernährung abnehmen?

Das hängt davon ab, wieviel Sie über Ihrem persönlichen Normgewicht liegen. Eine Aussage in Kilogramm ist daher schwierig. Generell können Sie auf diese Weise aber realistisch bis zu 10% Körpergewicht reduzieren. Ohne zusätzliche Bewegung (auch wenn die dringend zu empfehlen ist) und ohne medikamentöse Hilfe. Bei 100 Kilo Gewicht sind also etwa 90 Kilo als Endziel möglich und dauerhaft haltbar.

Da ein zu schnelles Abnehmen vor allem Wasser und Muskelmasse reduziert, darf eine Gewichtsreduktion nicht im Sauseschritt vollzogen werden. Wenn Sie sich fettnormalisiert ernähren, können Sie etwa ein halbes bis ein Pfund pro Woche und mehr verlieren. Aber Achtung: Wer sich nicht zum Sport aufraffen kann, riskiert, daß nicht nur Fett verbrannt wird, sondern auch Muskelmasse verloren geht. Dieser Prozeß ist nur aufzuhalten, wenn Sport regelmäßig durchgeführt wird. Dann nehmen Sie noch mehr und noch gesünder ab.

Wieviel und wie schnell kann ich durch eine fettnormalisierte Ernährung und Sport abnehmen?

Wenn Sie beides kombinieren – also maximal 60 Gramm Fett pro Tag und etwa 30 Minuten Sport täglich – können Sie bis zu 15% Ihres Körpergewichtes reduzieren. Und das, ohne zu hungern! Allerdings nur dann, wenn Sie beides mehr oder minder konsequent und auf Dauer beibehalten. Bei 100 Kilo Gewicht sind also 85 Kilo und sogar etwas weniger durchaus im Bereich des Möglichen.

Die Geschwindigkeit der Gewichtsabnahme steigt durch den Sport nur geringfügig an, da neben dem Verlust der Fettpfunde gleichzeitig neues Muskelgewebe aufgebaut wird. Das eine geht und senkt das Gewicht, das andere kommt und steigert das Gewicht ein wenig – zumindest am Anfang. Nach einiger Zeit aber stagniert die Bildung neuer Muskelmasse, und dann geht's mit dem Gewicht schneller bergab.

Wichtig ist es allerdings, dieses Gewicht auf Dauer zu halten und das geht nur, wenn man den Fettanteil in der Nahrung auch in Zukunft auf einem Niveau von durchschnittlich 60 Gramm pro Tag hält und zudem einer regelmäßigen sportlichen Betätigung nachgeht. Etwa ein Pfund pro Woche können Sie auf diese Weise an Fett verlieren.

Wieviel und wie schnell kann ich durch eine fettnormalisierte Ernährung, Sport und Orlistat abnehmen?

Zweifelsfreie Ergebnisse lagen zum Zeitpunkt der Entstehung dieses Buches noch nicht vor. Diejenigen Studien aber, die bereits erste Resultate vorweisen konnten, lassen hoffen. Es scheint durchaus möglich zu sein, bei einer konsequenten Fettnormalisierung der Ernährung, regelmäßigem Sport und der Einnahme von Orlistat zwischen 16% und 30% (bei besonders gutem Ansprechen auf alle Therapiebausteine) des Körpergewichtes zu reduzieren. Die Geschwindigkeit des Abnehmens wird durch die zusätzliche Reduktion der Fettaufnahme im Darm erhöht und liegt zwischen einem Pfund und einem Kilo (maximale verantwortbare Geschwindigkeit) pro Woche. Mehr wäre weder gesund noch von Dauer.

Dennoch ist Orlistat keine Wunderpille. Dieses Medikament kann seine Wirkung nur dann effektiv und gesund entfalten, wenn Sport und eine ausgewogene und fettnormalisierte Ernährung hinzukommen. Zudem stieg das Gewicht nach dem Absetzen des Präparates bei vielen Testpersonen wieder an, weil zu wenig Sport getrieben wurde und zu viel Fett in die Nahrung zurückkehrte. Diesen Jo-Jo-Effekt, wie man ihn von herkömmlichen Diäten kennt, sollte man verhindern.

Wieviel kann ich maximal abnehmen?

Die Frage kommt immer wieder, ist aber eigentlich irreführend. Abnehmen ist solange möglich, bis der Körper im Energienotstand den Hungertod stirbt – die Grenze ist der Tod. Das Abnehmen ist nicht das zentrale Problem. Das war und ist sowohl mit Diäten, „FdH" oder Fasten möglich. Viel wichtiger ist es, aus dem Erfolg über die eigenen Pfunde keinen Pyrrhussieg werden zu lassen. Was haben Sie von ein paar Wochen mit weniger Gewicht, wenn Sie kurze Zeit später wieder soviel wiegen wie zuvor?

Fragen wir uns also, welches realistische Ziel erreichbar und auf Dauer haltbar ist. Mit den vorgestellten Komponenten Sport und fettnormalisierte Ernährung kann man sogar Idealgewicht erzielen, wenngleich das die meisten nicht schaffen werden. Dennoch muß und sollte man dann nicht enttäuscht sein. Es erwartet keiner von Ihnen, daß Sie wie Kate Moss oder seinerzeit Twiggy aussehen. Nehmen Sie sich nichts vor, was Sie nicht wirklich erreichen und auf Dauer halten können. Wirklich erreichbar sind bei gutem Verlauf etwa 10 - 15% weniger Gewicht (ohne medikamentöse Hilfe).

Kann ich wirklich alles essen und trinken?

Ein klares Ja! Es gibt bei der Idee der fettnormalisierten Ernährung keine Tabus oder Verbote, nur flexible Kontrolle. Wenn Sie einmal Heißhunger auf Bratwurst, Lachs oder Gans haben, dann hindert Sie niemand daran, diesem Bedürfnis nachzugeben, solange Sie mit Ihrer Wochenbilanz im grünen Bereich bleiben. Doch keine Regel ohne Ausnahme: Stark gesüßte Säfte, Cola und Alkohol sollten Sie nur in Maßen verzehren.

Weniger Fett = weniger Vitamine im Körper?

Grundsätzlich müßte man diese Frage mit Ja beantworten. Fett ist nun einmal der perfekte Transporter, um die Vitamine E, D, A und K in den Organismus zu schleusen. Alle anderen Vitamine sind wasserlöslich und brauchen das Fett nicht als Transporter. Bei einer Reduktion auf 60 Gramm Fett pro Tag besteht die Gefahr einer Mangelversorgung in der Regel nicht. Insbesondere dann nicht, wenn die Nahrung ausgewogen ist, also genügend fettlösliche Vitamine enthält. Richten Sie sich in diesem Zusammenhang nach der Ampel-Regel: jeweils zweimal am Tag die Farben rot, gelb und grün mit Obst und Gemüse abdecken. Damit sind Sie garantiert auf der sicheren Seite. Vitaminpräparate sind hilfreich, notwendig aber sind Sie nicht, es sei denn, sie sind ärztlich verordnet.

Kann Orlistat die Vitaminversorgung beeinträchtigen?

Wenn Ihnen Ihr Arzt das Medikament Xenical® verordnet hat, nehmen Sie pro Mahlzeit etwa ein Drittel weniger Fett auf. Bei fettnormalisierter Ernährung nimmt man von den vorgegebenen 60 Gramm nur noch 40 Gramm zu sich. Natürlich wird davon auch der Vitaminhaushalt beeinflußt. Alle bislang durchgeführten Studien deuten aber darauf hin, daß es zu keiner Verschlechterung der Vitaminversorgung kommt. Die Werte bleiben im Normbereich. Natürlich gilt auch hier: Eine vitaminreiche Kost ist das A und O. Eine Unterstützung mit einem Vitaminpräparat kann sinnvoll sein. Ihr Arzt wird Sie darauf gegebenenfalls hinweisen. Gezieltes Nachfragen kann nicht schaden.

Machen nicht auch Kohlenhydrate dick?

Ja und nein! Kohlenhydrate machen nur dann dick, wenn man Sie in übergroßer Menge zu sich nimmt. Also beispielsweise mit Cola oder stark zuckergesüßten Säften. Sie sättigen nicht, werden aber in Fett umgewandelt, weil man einfach zuviel davon zu sich nimmt. Der Körper ist nicht auf solche Kalorienbomben aus Zucker vorbereitet (Zucker kommt in Reinform in der Natur nicht vor).

Deshalb sollten Sie Colagetränke und stark gezuckerte Säfte nur mit Vorsicht oder „light" genießen. Bei Süßigkeiten sieht die Sache anders aus. Hier sind es nicht die Kohlenhydrate, die das Hauptproblem darstellen, sondern das Fett.

Abgesehen von diesen Süßigkeiten ist es fast unmöglich, so viele Kohlenhydrate aus natürlichen Lebensmitteln zu sich zu nehmen, daß man davon zunimmt. Mindestens 500 Gramm reine Kohlenhydrate pro Tag sind nötig, um den Körper zur Fettbildung anzuregen. Kiloweise könnten Sie Kartoffeln oder Nudeln in sich „hineinschaufeln", ohne auch nur ein Gramm Fett anzusetzen.

Welche Lebensmittel kann ich „ohne Ende" essen und trinken?

- Alle Gemüsesorten. Die Ausnahmen: Avocados und Oliven!
- Alle Obstsorten.
- Brot in jeder Form, allerdings keine Croissants oder andere Blätterteigprodukte.
- Kartoffeln, Reis, Nudeln, Cornflakes, allerdings ohne fettreiche Soßen.
- Kalorienarme Getränke wie Light-Limo, -Cola und -Säfte, Wasser, leicht gesüßten Tee oder Kaffee, verdünnte Obst- und Gemüsesäfte (Schorle).

Wieviel Alkohol ist erlaubt?

Auch wenn Alkohol kein Gramm Fett enthält – der Körper kann ihn nicht speichern und muß ihn daher als erstes verbrennen. Die Folge: Alles andere im Magen wird in Fett umgewandelt, wenn die Alkoholmenge bereits den notwendigen Energiebedarf abdeckt. Das sprichwörtliche „Gläschen in Ehren“ kann wirklich niemand verwehren, allerdings ist wesentlich mehr weder gesund noch für eine Gewichtsreduktion zu empfehlen. Denken Sie daran: Jedes Gramm Alkohol wirkt ähnlich wie ein Gramm Fett. Eine Flasche Wein enthält etwa 60 (Fett-)Punkte!

Was ist „verstecktes" Fett?

Darunter versteht man Fett, das mit bloßem Auge nicht auszumachen ist: insbesondere das Fett in Würsten, die durch den Wolf gedreht wurden, in Käse, Milch, Sahne und Soßen. Wer nicht genau darauf achtet, kann alleine mit diesen „versteckten“ Fetten die Grenze von 60 Gramm Fett pro Tag überschreiten.

Was sind gesättigte und ungesättigte Fettsäuren?

Zur großen Familie der Fette werden ganz unterschiedliche Moleküle zusammengefaßt. Ob eine Fettsäure nun gesättigt oder ungesättigt ist, hängt von ihrer chemischen Beschaffenheit ab. Als Kriterium dient die Verbindung zwischen einzelnen Atomen. Die gesättigten Fettsäuren haben keine sogenannten Doppelbindungen und stammen vor allem aus tierischen Produkten wie Schmalz, Talg, Milch, Butter, Fleisch aber auch Kokosfett als einem pflanzlichen Vertreter. Der Körper kann diese Fettsäuren bei Bedarf selbst herstellen.

Die ungesättigten Fettsäuren ihrerseits besitzen solche Doppelbindungen und kommen in tierischen Nahrungsmitteln weniger vor (mit Ausnahme von Fischen). Eine weitere Unterteilung besteht darin, ob eine Fettsäure einfach (eine Doppelbindung), zweifach (zwei Doppelbindungen) oder mehrfach (mehr als zwei Doppelbindungen) ungesättigt ist.

Wer sich gesund ernähren möchte, sollte die ernährungswissenschaftliche Erkenntnis berücksichtigen, daß die gesättigten Fettsäuren den Cholesterinspiegel in die Höhe treiben. Nach aktuellen Empfehlungen der Deutschen Gesellschaft für Ernährung sollte sich das Fett in der Nahrung zu je einem Drittel aus gesättigten (tierischen), einfach ungesättigten (z. B. in Oliven- und Erdnußöl) und mehrfach ungesättigten (z. B. in Fischen und anderen Ölen) zusammensetzen.

Was sind essentielle Fettsäuren?

Unter essentiellen Fettsäuren versteht man solche Fettmoleküle, die der Körper nicht selbst herstellen kann, die also mit der Nahrung unbedingt aufgenommen werden müssen. Deshalb ist es auch nicht gesund, auf Fett gänzlich zu verzichten. Etwa zehn Gramm dieser essentiellen Fettsäuren werden pro Tag benötigt.

Gefährdet eine fettnormalisierte Ernährung und/oder die Einnahme von Orlistat eine Versorgung mit essentiellen Fettsäuren?

Zum Glück nicht. Der Gehalt dieser essentiellen Fettsäuren in der Nahrung ist bei einer ausgewogenen, fettnormalisierten Ernährung, die 60 Gramm Fett am Tag vorsieht, und auch bei einer zusätzlichen Xenical®-Einnahme so hoch, daß eine Mangelversorgung nicht zu befürchten ist.

Welche Zwischenmahlzeiten sind sinnvoll, wenn der „kleine Hunger" kommt?

Am besten sind möglichst fettfreie oder zumindest fettarme und ballaststoffreiche Minimahlzeiten wie:

- Obst
- Rohkost, Gemüse (außer Avocado und Oliven)
- Brot und fettarmes Gebäck (z. B. Russisch Brot, Reisgebäck, Salzstangen, fettarmes Popcorn)
- Fettarmer Joghurt und Quark

Sie können solche Zwischenmahlzeiten auch selbst herstellen, beispielsweise Popcorn: Nicht vorbehandelte, harte Maiskörner in einen heißen Topf geben und Deckel drauf. Wenn überhaupt, dann nur einen Löffel Rapsöl (5 Fettpunkte) hinzugeben und je nach Geschmack salzen oder wenig zuckern. Auch ein mageres Stück Schinken ohne Fettrand auf einem Vollkornbrot schmeckt hervorragend.

Wie vermeide ich den „Hunger zwischendurch"?

Eine gute Planung ist das ein und alles. Es ist sinnlos, eine Mahlzeit auszulassen, denn der Hunger „staut" sich an und wird irgendwann unerträglich. Sie sollten mindestens drei feste Mahlzeiten (es können aber auch vier oder fünf sein) zu sich nehmen. Überschlagen Sie grob, was Sie wann essen möchten, und heben Sie sich noch ein paar Fettpunkte für zwischendurch auf. Je mehr Ballaststoffe Sie zu sich nehmen, desto länger hält das Sättigungsgefühl an.

Auch kleine Vorspeisen wie eine fettarme Suppe, Salat oder auch ein Vollkornbrot mit fettreduziertem Frischkäse und Gemüse sind empfehlenswert. Essen Sie langsam, und erinnern Sie sich an Großmutters Empfehlung: jeden Bissen mindestens 20mal kauen. Sollte Ihre Großmutter gar auf 30- oder 40mal bestanden haben – schaden kann's nicht.

Wie spare ich am Fett, aber nicht am Geschmack?

Vor allem, indem sie ausschließlich auf die fettarmen Varianten der unterschiedlichsten Produkte zurückgreifen – von der Milch über Joghurt und Quark bis hin zu Wurst und Käse. Der Geschmack ist praktisch identisch, der Fettgehalt aber nicht! Vor allem Fettbomben wie Soßen, Dips und Dressings gilt es zu entschärfen, indem man sie zum Beispiel mit Joghurt oder fettarmer Milch zubereitet.

Auf was sollte ich beim Einkaufen besonders achten?

Gehen Sie vor allem nicht mit leerem Magen einkaufen. Es drohen fettreiche Hamsterkäufe, weil Sie Hunger haben. Beachten Sie den Fettgehalt der Nahrungsmittel, und greifen Sie bei Getränken zu den Light-Varianten. Aber Vorsicht: Insbesondere bei Puddings und Joghurts etc. wird lediglich ein wenig Zucker durch Süßstoff ersetzt, deswegen handelt es sich dabei noch lange nicht um ein wirkliches Light-Produkt.

Die richtige, fettnormalisierte und ausgewogene Ernährung beginnt mit dem Einkaufen. Seien Sie sich im klaren darüber, daß Sie das, was Sie in Ihren Einkaufswagen legen, auch essen werden. Wer also zehn Tafeln Schokolade auf Vorrat kauft, weil sie gerade im Angebot sind, der wird sie auch konsumieren – und aller Voraussicht nach hintereinander weg. Kaufen Sie also immer nur so viel, wie Sie tatsächlich brauchen. Planen Sie bewußt die Abstände Ihrer Einkäufe, und nehmen Sie nicht mehr mit nach Hause, als Sie für den dazwischenliegenden Zeitraum benötigen. Ein prall gefüllter Vorratsschrank verführt zur Zügellosigkeit!

Wie bringe ich Abwechslung in meinen Speiseplan?

Indem Sie genau planen, was Sie essen möchten. Ein gutes Beispiel ist der Brotaufstrich bzw. Aufschnitt. Kaufen Sie keine Wurst, die durch den Wolf gedreht wurde wie Fleisch-, Mett- oder Leberwurst. Wenn Sie dennoch einmal Heißhunger überkommt, dann greifen Sie am besten zu den entsprechenden Light-Produkten (low fat). Aber auch hier gilt: Legen Sie keine Vorräte an, die Sie täglich in Versuchung bringen.

Besser geeignet sind in dünne Scheiben geschnittene Putenbrust, Kasseler oder auch magerer roher bzw. geräucherter Schinken. Kaufen Sie nichts am Stück, wenn Sie keine geeignete Wurstschneidemaschine besitzen. Die einzelnen Scheiben werden sonst einfach zu dick. Sie sparen dann weder Geld noch Fett – dicke Scheiben auf dem Brot sind „out".

Probieren Sie auch einmal Alternativen zu belegten Broten, beispielsweise etwas Magerquark oder mageren Frisch- bzw. Hüttenkäse, garniert mit knackigen Paprikastreifen, Tomaten oder Gurken. Eine leckere Mahlzeit für den „kleinen Hunger". Es dauert zwar ein paar Minuten, bis Sie alles zubereitet haben, aber es lohnt sich und bringt Abwechslung in Ihren Speiseplan.

Wie kann ich bei der Zubereitung Fett einsparen?

Hier noch einmal die wichtigsten Tips im Überblick:

- Teflonbeschichtete Töpfe und Pfannen verwenden.
- Geflügel am besten ohne Haut zubereiten (hier sitzt das meiste Fett) oder die Haut von Geflügel „löchern" und das Fett ausbraten bzw. ausdünsten.
- Garen Sie Fisch, Fleisch und Geflügel in der Folie ohne zusätzliches Fett.
- Über einem Kräutersud werden Fleisch, Fisch und Geflügel besonders schmackhaft, ggf. vorher anbraten.
- Stellen Sie kalte Soßen in den Kühlschrank und schöpfen Sie später das sich absetzende Fett ab.
- Filtern Sie warme Soßen durch einen Kaffeefilter oder benutzen Sie ein Fettspar-Kännchen und halten Sie damit das Fett zurück.
- Dünsten Sie Gemüse in Wasser und Brühe statt in Fett. Ersetzen Sie das Öl in einer Vinaigrette durch eine kräftige Instantbrühe und Senf. Wenn Sie Öl verwenden, dann am besten besonders aromatische Sorten, von denen Sie weniger benötigen. Gut geeignet sind Kürbiskern- oder Walnußöl. Denken Sie daran: Jeder Löffel Öl schlägt mit 5 Fettpunkten zu Buche.
- Beschränken Sie sich auf einige wenige Fettquellen, um nicht die Übersicht zu verlieren, zum Beispiel auf Butter (auch halbfett) als Streichfett, Margarine (ebenfalls als Halbfett-Variante) und einige wenige Sorten Öl – eine für den Salat (z. B. Olivenöl) und eine Sorte zum Braten (z. B. Rapsöl). Ein kleiner Trick kann Ihnen zusätzlich helfen, Ihren Ölverbrauch zu kontrollieren. Machen Sie's wie mit Ihrem Auto und checken Sie regelmäßig den Ölstand in Ihren Flaschen mit einem Ölstandsmesser! Ein einfaches Klebeband, auf dem Sie markieren können, wieviel Öl Sie in welchem Zeitraum verbraucht haben, reicht aus.

Was mache ich, wenn ich Heißhunger auf Süßigkeiten habe?

Machen Sie sich jedesmal bewußt, was Sie wirklich möchten: den kurzfristigen Genuß zwischendurch oder einen langfristigen Erfolg mit weniger Kilos. Ein kurzes inneres Zwiegespräch kann Ihnen helfen, den spontanen Wunsch nach Süßigkeiten in den Griff zu bekommen. Wählen Sie also bewußt aus, ob es wirklich der Schokoriegel sein muß oder ob es nicht auch eine Banane tut. Ein Joghurt mit Erdbeeren steht einem Pudding geschmacklich nicht nach. Ein gesüßter Cappuccino (mit aufgeschäumter Milch anstelle von Sahne) ist ebenfalls ein Genuß. Auch Obst ist süß, schmeckt und ist völlig fettfrei. Erdbeeren, Kirschen, Pflaumen, ein Apfel – süße Alternativen, die Sie immer essen können.

Vielleicht greifen Sie auch aus Langeweile oder Frust zu süßen Sachen. Machen Sie sich dieses Kompensationsverhalten bewußt, und versuchen Sie es mit alternativen Strategien: Bauen Sie Ihren Streß zum Beispiel durch Sport ab. Ein klein wenig in sich hineinzuhorchen, kann nicht schaden. Auch wenn Sie aus Langeweile zu Süßem greifen, sollten Sie nach alternativen Beschäftigungen suchen. Ihrer Phantasie sind keine Grenzen gesetzt. Wichtig ist nur, daß Sie sich grundsätzlich darüber Gedanken machen, warum Sie Lust auf Süßes haben, und damit konstruktiv umgehen. Dick wird man nicht allein „durch den Magen" – dick wird man auch „durch den Kopf".

Und noch etwas: Hunger auf Süßes entsteht auch, weil man zu wenig Kohlenhydrate gegessen hat. Sparen Sie also nicht an Kohlenhydraten aus Obst und anderen natürlichen Produkten.

Welche Ausdauersportarten sind für Übergewichtige zu empfehlen?

Am besten geeignet sind solche Sportarten, die die Gelenke schonen.
Die Top 3 für Übergewichtige:

- Schwimmen
- Radfahren
- Walking

Welche Gymnastikprogramme sind geeignet?

Das ist nicht so einfach zu beantworten, da es vor allem um den Spaß an der Sache geht. Die besten Empfehlungen sind nutzlos, wenn Sie keinen Gefallen an der vorgeschlagenen Sportart finden. Also sollten Sie sich selbst auf die Suche machen. Am besten geeignet ist eine Gymnastikgruppe in Ihrem Sportverein vor Ort. Von Aerobic (low impact) bis hin zum Jazztanz können Sie alles versuchen. Wenn Sie sich allerdings wegen Ihres Übergewichts am Anfang noch schämen, in einer Gruppe (auch mit Gleichgesinnten und Gleichgewichtigen) mitzumachen, dann bleibt Ihnen nur, sich zu Hause „in Bewegung zu setzen". Ein solches „Fitneßstudio" in den eigenen vier Wänden muß nicht teuer sein. Sie brauchen keine aufwendigen Geräte, keinen „Bauch-weg-Trainer" und auch kein „Laufband". Fahren Sie für das Geld lieber in Urlaub.

Einige wenige Dinge sind ausreichend: ein paar Trainingsbänder (auch als Thera- oder Deuser-Bänder bekannt), ein Gymnastikball und eventuell ein Step (eine Stufe aus Kunststoff für die verschiedensten Übungen). Auch ein paar Hanteln und ein Paar Trainingshandschuhe können nicht schaden. Wie Sie nun Ihre Übungen zu Hause gestalten möchten, hängt ganz von Ihnen und dem von Ihnen ausgewählten Gymnastikprogramm ab. Dazu gibt es inzwischen zahlreiche Bücher im Handel, die verschiedene Übungen erläutern. Kaufen Sie aber nur das Buch, von dem Sie wirklich überzeugt sind, daß es Sie anspricht. Auch ein Besuch bei Ihrer Krankenkasse kann nützlich sein. Sie werden dort Broschüren mit Informationen zu den verschiedensten Formen sportlicher Betätigung erhalten.

Ich habe schon alles probiert, aber meine „Ex-Fettfalten" sind immer noch da. Was soll ich tun?

Wenn Sie Ihr Gewicht dauerhaft soweit gesenkt haben, daß schlaffe Hautfalten zurückbleiben, die einfach nicht weggehen wollen, obwohl Sie täglich Gymnastik betreiben, dann sollten Sie dieses Problem mit Ihrem Arzt besprechen. Je nachdem, wie viele Falten es sind und an welchen Stellen sie sich befinden, und wenn Sie unter Ihrem Aussehen extrem leiden, kann Ihnen vielleicht die plastische Chirurgie helfen. In einigen wenigen Fällen bezahlt dann sogar die Kasse. Wenn Sie die Falten aber einfach „nur stören", bleibt eine solche Operation eine kostspielige Angelegenheit, die Sie selbst finanzieren müssen. Eine Beratung, auch beim Schönheitschirurgen, ist aber in der Regel kostenlos. Wenn Sie also seit Jahren solche Probleme haben, scheuen Sie sich nicht, mit Ihrem Hausarzt darüber zu reden. Er kann Ihnen vielleicht einige Tips geben und gegebenenfalls Adressen und Ansprechpartner nennen.

Was soll ich machen, wenn ich rückfällig werde?

Genau davor brauchen Sie keine Angst zu haben. Dank des Systems der flexiblen Kontrolle gibt es so etwas wie Rückfälle gar nicht. Wenn Sie an einem Tag das Doppelte an Fettpunkten zu sich genommen haben, sparen Sie eben die nächsten Tage entsprechende Punkte wieder ein. Und selbst wenn einmal sogar Ihre Wochenbilanz nicht ins rechte Lot kommen will, ist dies kein Drama. Häufig werden alle guten Vorsätze über Bord geworfen, nur weil man einmal „rückfällig" geworden ist. Wer fettnormalisiert leben möchte, kann zwei, drei oder vier Stücke Torte essen. Das ist zwar deutlich zuviel, aber kein Beinbruch und auch nicht das Ende Ihrer fettnormalisierten Ernährung. Denken Sie immer daran: Sie machen keine Diät, die Sie abbrechen müßten. Sie haben sich lediglich entschieden, fettnormalisiert zu essen – mehr nicht. Sie geben ja auch nicht gleich Ihren Führerschein zurück, weil Sie mal falsch geparkt haben. Oder?

Gehen Sie nicht zu hart mit sich selbst ins Gericht. Sie haben Ihre Kilos schließlich über Jahre hinweg angesammelt und sich ein gewisses Verhalten angewöhnt. Niemand erwartet, daß Sie all diese Gewohnheiten von heute auf morgen im Griff haben. Planen Sie also Ihren „Rückfall" mit ein!

11. Glossar

Alkohol-Dehydrogenase: Enzym, das in der Leber Alkohol abbaut.

Appetitzügler: Präparategruppe, die über die Einwirkung im Gehirn das Hungergefühl unterdrückt. Vorteil: Die Patienten essen weniger. Nachteil: Eine ganze Reihe Nebenwirkungen bis hin (bei älteren Wirkstoffen) zur Abhängigkeit.

Blutdruck: Besteht aus einem oberen und einem unteren Wert, ähnlich dem höchsten und tiefsten Punkt einer Welle. Er wird in Millimetern Quecksilbersäule (mmHg) gemessen. Normale Werte reichen bis zu 140 / 90 mmHg. Alle Werte, die darüber liegen, müssen beobachtet oder behandelt werden. Fachbezeichnung für Bluthochdruck: Hypertonie. Einer der wichtigsten Risikofaktoren für Arterienverkalkung, Herzinfarkt und Schlaganfall.

Body-Mass-Index (BMI): Ein modernes Berechnungsmaß dafür, ob man Normgewicht hat oder nicht. Die Berechnung: Gewicht in Kilogramm geteilt durch die Körpergröße in Metern zum Quadrat. Normal-BMI bei Männern wie Frauen: 20 - 25. Er wird auch als Körpermasse-Index oder Quetelet-Index bezeichnet.

Broca-Index: Eine etwas ältere Gewichtsbewertung. Körpergröße in Zentimetern minus 100 = Normalgewicht in Kilogramm.

Cholesterin: Stammt vor allem aus tierischen Fetten, kann aber auch von der Leber selbst hergestellt werden. Die tägliche Aufnahme sollte unter 300 mg liegen. Es kommt vor allem in Form von VLDL (very low density lipoproteins), LDL (low density lipoproteins = schlechtes Cholesterin) und HDL (high density lipoproteins = gutes und gefäßschützendes Cholesterin) im Blut vor. Es wurde zuerst in der Galle entdeckt und wird auch als „Gallenfett" bezeichnet. Cholesterin ist ein wesentlicher Baustein der Zellmembranen und bildet den Rohstoff für die körpereigene Produktion von Gallensäure, Vitamin D, Stereoidhormonen der Nebenniere und von Sexualhormonen. Problematisch wird das Cholesterin dann, wenn es in zu großer Menge als LDL und VLDL im Blut vorkommt und so für die Verkalkung der Arterien sorgt.

Chylomikronen: Kleine „Transport-Container", die das aufgenommene Fett aus dem Darm über den Lymphweg und schließlich über das Blut zur Leber transportieren.

Diabetes mellitus: Blutzuckerkrankheit, auch einfach „Zucker" genannt. Man unterscheidet Typ 1 (tritt in jüngeren Jahren auf) und Typ 2 (im Alter).

Das Hormon Insulin wird entweder überhaupt nicht mehr in der Bauchspeicheldrüse produziert (Typ 1), wirkt vermindert oder wird nicht mehr in ausreichendem Maße produziert (Typ 2). Die Folge: Der Blutzucker (Glukose) kann nicht mehr in die Körperzellen aufgenommen werden. Es kommt zu einem Zuckeranstieg im Blut. Herzinfarkt, Schlaganfall, Gefäß-, Augen- und Nervenschäden können die Spätfolgen sein. Als akuter Notfall kann es zum „Zuckerschock" kommen (zu viel oder zu wenig Zucker im Blut).

Dünndarm: Schließt sich direkt an den Magen an. Er wird unterteilt in das Duodenum, Jejunum und Ileum. In ihm findet die Verdauung und Aufnahme aller wichtigen Nährstoffe statt. Er geht in den Dickdarm über.

Duodenum: Auch als Zwölffingerdarm bezeichnet, erster Abschnitt des Dünndarms. In ihn schütten die Bauchspeicheldrüse und die Galle ihre Verdauungssekrete aus.

Eiweiß: Auch als Protein bezeichnet. Eiweiß setzt sich aus einzelnen Aminosäuren zusammen und ist ein wichtiger Nahrungsbestandteil. Die Aminosäuren werden in essentielle (kann der Körper nicht selbst herstellen) und nicht essentielle (kann der Körper selbst produzieren) unterteilt. Der Energiegehalt pro Gramm Eiweiß liegt bei etwas mehr als 4 kcal. Der tägliche Bedarf liegt zwischen 45 und 60 Gramm, je nach Alter und Geschlecht.

Enzyme: Körpereigene Stoffe, die eine chemische Reaktion beschleunigen bzw. erst ermöglichen. Medizinisch wird zwischen solchen Enzymen (biologische Kalalysatoren) unterschieden, die in Zellen, in Körperflüssigkeiten oder im Blut aktiv sind.

Fett: Ist mit mehr als 9 kcal pro Gramm der wichtigste Energielieferant. Es werden gesättigte, einfach ungesättigte und mehrfach ungesättigte Fettsäuren unterschieden. Fette liegen in der Nahrung vor allem als Triglyzeride (große Fettmoleküle) vor, die vom Organismus erst aufgespaltet werden müssen, um sie verdauen zu können. Auch Körperfett wird in der Triglyzerid-Form (als Fetttropfen) in bestimmten Zellen gespeichert.

Fettsäuren, essentielle: Lebensnotwendige Fette, die der Körper nicht selbst herstellen kann. Der Organismus benötigt etwa 10 Gramm dieser essentiellen Fettsäuren pro Tag. Sie stammen vor allem aus pflanzlichen Produkten und sind ungesättigt.

Fettsäuren, gesättigte: Stammen vor allem aus tierischen Produkten und werden auf Grund Ihrer chemischen Struktur als „gesättigt" (keine sogenannten Doppelbindungen) bezeichnet.

Fettsäuren, ungesättigte: Sind vor allem pflanzlichen Ursprungs und können vom Organismus teilweise nicht selbst hergestellt werden. Die Bezeichnung „ungesättigt" besagt, daß eine (einfach) oder mehrere (mehrfach ungesättigt) Doppelbindungen bestehen.

Glukose: Wichtigster Energielieferant der Körperzellen. Wird entweder direkt mit der Nahrung aufgenommen oder in der Leber gezielt produziert, um Körperzellen über den Blutweg zu versorgen. Glukose kann nur mit Hilfe des Insulins in die Zellen gelangen

(Ausnahme: Gehirn und einige Blutzellen). Zählt zu den Kohlenhydraten.

Glykogen: Energiereserve (verwandt mit der Glukose), die in der Leber und den Muskeln eingelagert wird, um schnell dem Organismus zur Verfügung gestellt werden zu können. Erst wenn dieser Glykogen-Vorrat verbrannt ist, wird Körperfett zur Energiegewinnung eingeschmolzen (z. B. nach ca. 30 Minuten Radfahren). Es wird auch als „Leberstärke" oder „tierische Stärke" bezeichnet und ist ein Polysaccharid, in dem oft Tausende von Glukose-Molekülen zu einem Riesenmolekül verbunden sind.

Grundumsatz: Diejenige Energiemenge, die erforderlich ist, um die lebensnotwendigen Funktionen des Organismus (inklusive kleiner Bewegungen) aufrechtzuerhalten.

HDL: Einer der Fett-Eiweiß-Transport-Container für das Cholesterin. Wird auch als „gutes Cholesterin" bezeichnet, weil es in der Lage ist, Ablagerungen von Cholesterin aus anderen Körpergeweben wieder zurück in die Leber zu transportieren. Die Abkürzung HDL steht für high density lipoproteins.

Herzinfarkt: Akuter Versorgungsnotstand im Herzmuskel, der von alleine nicht wieder verschwindet. Durch Gefäßverkalkung werden die Herzkranzgefäße (sie versorgen den Herzmuskel mit Sauerstoff und Nährstoffen) zunehmend enger. Das Herz kann diese Minderversorgung eine Zeitlang ausgleichen. Als Alarmsignal können danach Herzschmerzen (sog. Angina pectoris) auftreten, die mit bestimmten Medikamenten (Nitro-Präparaten) wieder zurückgehen. Kommt es zu einer Verstopfung eines oder gar mehrerer Herzkranzgefäße, stirbt das dahinter liegende Muskelgewebe ab. Es drohen ein Herzstillstand (sofortiger Tod), starke und lebensbedrohliche Rhythmusstörungen in den ersten Stunden und Tagen nach dem Infarkt sowie Veränderungen des abgestorbenen Muskelgewebes als Spätfolgen.

Die wichtigsten Risikofaktoren sind: Rauchen, hoher Blutdruck, Diabetes mellitus, Übergewicht, hohe Cholesterinwerte, Anti-Baby-Pille und Rauchen in Kombination sowie Bewegungsmangel.

Hormone: Körpereigene Substanzen, die als „Botenstoffe" oder „Briefträger" fungieren. Sie übertragen auf chemischem Weg Signale an die unterschiedlichsten Körperzellen, eine Reaktion einzuleiten oder auch nicht. Häufig greifen ganz verschiedene Hormone ineinander, heben sich gegenseitig auf oder verstärken sich.

Insulin: Ein Hormon. Wird in der Bauchspeicheldrüse von den sogenannten „Inselzellen" produziert. Es verhilft der Glukose, dem wichtigsten Energieträger, zum Eintritt in die Körperzellen. Fehlt es an Insulin oder wirkt es nicht richtig, spricht man von der Blutzuckerkrankheit Diabetes mellitus. Der Körper verfällt in eine Art Energie-Notstand. Insulin kann von außen gegeben werden (bislang nur gespritzt) oder, wenn die Produktion nicht völlig verloschen ist, seine

Wirkung sowie Ausschüttung werden medikamentös verstärkt.

Joule: Steht als physikalische Einheit für Arbeit und Energie. Ein Joule (1 J) ist diejenige Arbeit, die notwendig ist, um die Kraft ein Newton (1 N) entlang einer Strecke von genau einem Meter (1 m) zu bewegen. Es bezeichnet nicht nur den Energiegehalt von Nahrungsmitteln sondern wird auch als Einheit für den Heizwert von Brennstoffen oder für die Reaktionswärme chemischer Reaktionen verwendet. Es hat die Bezeichnung Kalorien bzw. Kilokalorien abgelöst.

Kalorie: Die Bezeichnung Kalorie (cal) wird umgangssprachlich gleichbedeutend mit Kilokalorie (kcal), also 1.000 Kalorien, gebraucht. Sie ist veraltet und wurde durch Joule ersetzt. Eine Kalorie wurde definiert als diejenige Energiemenge, die nötig ist, um – unter klar festgelegten Laborbedingungen – ein Gramm Wasser um ein Grad zu erwärmen. Es gilt die Umrechnungsformel:

1 cal = 4,1868 J, 1 kcal (Kilokalorie) = 4,1868 kJ (Kilo-Joule).

Kilo-Joule (kJ): siehe Kalorie und Joule

Kilokalorie (kcal): siehe Kalorie und Joule

Kohlenhydrate: Kohlenwasserstoff-Verbindungen. Die Kohlenhydrate sind neben Fetten und Eiweißstoffen wichtige Nährstoffe. Sie sind zwar keine essentiellen Nahrungsbestandteile, die vom Körper nicht selbst hergestellt werden könnten, aber eine Mindestaufnahme von etwa 10% des Kalorienbedarfs pro Tag ist notwendig, um Stoffwechselstörungen zu verhindern.

LDL: Einer der Fett-Eiweiß-Transport-Container für das Cholesterin. Wird auch als „schlechtes Cholesterin" bezeichnet, weil es Ablagerungen von Cholesterin an anderen Körpergeweben hervorruft (Arterienverkalkung). Die Abkürzung LDL steht für low density lipoproteins.

Lipase: Körpereigenes Enzym, das unter anderem im Dünndarm die Triglyzeride (Fette) in einzelne Fettsäuren aufspaltet. Die Lipase wird in der Bauchspeicheldrüse gebildet und unter anderem mit dem Verdauungssaft in den Dünndarm (Duodenum) abgegeben.

Orlistat: Neuentwickelter Wirkstoff, der die Arbeit des Enzyms Lipase im Darm hemmt. Etwa 30% des mit der Nahrung aufgenommenen Fettes werden bei richtiger Dosierung nicht gespalten und damit auch nicht aufgenommen.

Pankreas: Medizinische Bezeichnung für die Bauchspeicheldrüse. Sie produziert eine ganze Reihe wichtiger Hormone (z. B. das Insulin und Glukagon), die über den Blutweg wirken, aber auch den Verdauungssaft, der in den Dünndarm abgegeben wird, und unter anderem die Lipase enthält.

Schlaganfall: Als Schlaganfall wird entweder eine Minderversorgung des Gehirns mit Blut und damit Sauerstoff (z. B. durch Arterienverkalkung) oder eine Blutung aus Hirngefäßen (z. B. aus einer angeborenen Gefäßaussackung) bezeichnet. In beiden Fällen sterben Teile des Gehirns ab, und es kommt zu sogenannten neurologischen Ausfällen. Etwa ein Drittel der Patienten stirbt innerhalb der ersten Stunden oder Tage. Ein weiteres Drittel der Betroffenen behält lebenslange Einschränkungen zurück. Das restliche Drittel der Patienten kann wieder vollständig rehabilitiert werden. Ein Schlaganfall kündigt sich manchmal durch kurze Warnsignale (Durchblutungsstörungen im Gehirn, sogenannte transitorische ischämische Attacken, kurz TIA) an. Für Sekunden oder Minuten kommt es zu Lähmungen, Gefühlsstörungen in Armen oder Beinen („Ameisen" auf der Haut) ohne ersichtlichen Grund, Sehstörungen oder auch Probleme beim Sprechen, Lesen, Denken oder Verstehen. Eine solche Störung, auch wenn sie wieder verschwindet, ist ernst zu nehmen. Man sollte in jedem Fall einen Arzt aufsuchen und sich eingehend untersuchen lassen, um einen drohenden und eventuell sogar tödlichen Schlaganfall zu verhindern.

Thermogenese: Medizinische Bezeichnung für Wärmeentstehung im Körper.

Triglyzeride: Chemisch gesehen sind sie Ester des Glyzerins, dessen drei Hydroxygruppen durch Karbonsäuren verestert sind. Wenn man sich ein E vorstellt, verbindet das Glyzerin als „Rücken" drei lange Kohlenstoffketten. Wichtig ist Glyzerin vor allem als Speicherform des Fetts im Körper und als Hauptbestandteil des Nahrungsfettes.

Vitamine: Lebensnotwendige Wirkstoffe (pflanzlichen oder tierischen Ursprungs), die keine Energie speichern (wie Kohlenhydrate, Fette und Eiweiße), deren Vorhandensein aber für die Aufrechterhaltung aller Lebensvorgänge notwendig ist. Eingeteilt werden sie nach ihrem Verhalten in fettlösliche Vitamine (Vitamine A, D, E, K) und wasserlösliche Vitamine (Vitamine der B-Gruppe, Vitamin C und die anderen).

VLDL: Einer der Fett-Eiweiß-Transport-Container für das Cholesterin. Die Abkürzung VLDL steht für very low density lipoproteins.

Xenical®: Markenname des Wirkstoffs Orlistat.

Zwölffingerdarm: siehe Duodenum und Dünndarm.

Der BMI – Calculator

Sie ermitteln Ihren Body Mass Index einfach, indem Sie Ihre Körpergröße (innere Drehscheibe) auf Ihr aktuelles Gewicht (äußere Scheibe) einstellen, d. h. die Striche der entsprechenden Einheiten zur Deckung bringen. Der grüne Pfeil zeigt dann Ihren BMI genau an.

Ein Beispiel: Bei einer Körpergröße von 1,80 m und einem Gewicht von 100 kg befindet man sich mit einem BMI von 30 bereits an der Schwelle zur Adipositas, d. h. starkem Übergewicht.

BMI unter 20	Untergewicht. Ab einem BMI von weniger als 18 kann von einer Krankheit gesprochen werden.
BMI 20 - 25	Normgewicht – alles O.K.
BMI 25 - 30	Übergewicht – gefährlich in Kombination mit anderen Risikofaktoren.
BMI 30 - 40	Starkes Übergewicht – auch ohne andere Risikofaktoren eine Bedrohung! Eine Behandlung durch den Arzt ab einem BMI von 30 wird dringend empfohlen.
BMI über 40	Massives Übergewicht – ein extrem hohes Risiko! Eine Behandlung ist dringendst zu empfehlen.

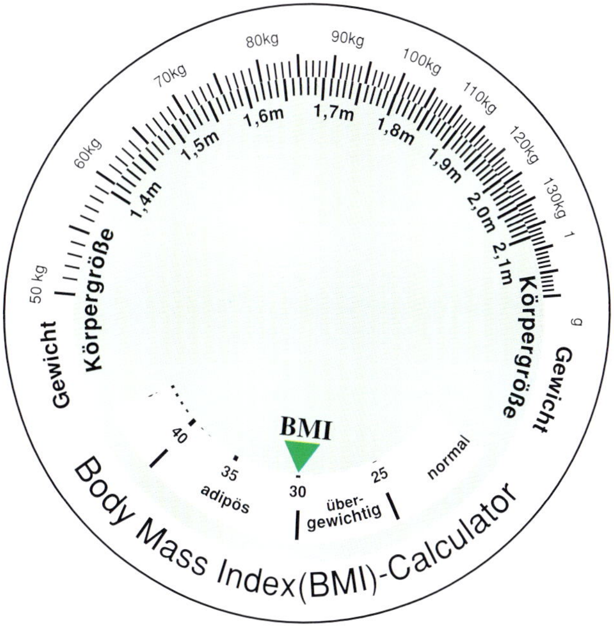

Ihr persönliches Fettkonto

Die diesem Buch beiliegende Tabelle führt die Fettpunkte für alle wichtigen Nahrungsmittel und Fertigprodukte auf. Ihr persönliches Fettkonto: jederzeit griffbereit beim Einkauf, Kochen und unterwegs. Hier eine Inhaltsübersicht: